Alfred Walter · Das Revier ruft

rosenheimer
raritäten

Alfred Walter

Das Revier ruft

JAGDGESCHICHTEN

Mit Zeichnungen von Hubert Weidinger

rosenheimer

© 1992 by Rosenheimer Verlagshaus
ISBN 3-475-52741-3
Dieses Buch erscheint in der Reihe »Rosenheimer Raritäten« im
Rosenheimer Verlagshaus Alfred Förg GmbH & Co. KG, Rosen-
heim. Den Satz erstellte Fotosatz Prechtl in Passau, die Reproduk-
tionen fertigte Colorline in Verona. Druck und Bindung besorgte
Tiskarna Ljudske pravice in Ljubljana, Slovenien. Ulrich Eichber-
ger, Innsbruck, gestaltete mit einer Zeichnung von Hubert Weidinger, ebenfalls Innsbruck, den Umschlag des Buches.

Inhalt

Vorwort und Dank

Dieses Buch, von mir als Jäger niedergeschrieben, soll Rückblick sein über 25 Jahre Tätigkeit mit allen Höhen und Tiefen, all den nagenden Zweifeln über Recht oder Unrecht meines Handelns, aber auch den schönen Seiten. Allen Lesern, die das Buch zur Hand nehmen, möchte ich einen Bereich meines Lebens vermitteln, der mich von Kindheit an in seinen Bann gezogen, geformt und nie mehr losgelassen hat: das *Jagern*. Dieses Buch erzählt vom schüchternen Jungjäger, der bei herbstlichen Treibjagden im Jahre 1965 seine ersten zaghaften jagdlichen *Gehversuche* machte, bis zum pflichtbewußten, in Eigenverantwortung weidwerkenden Bergjäger, vom Jäger, dem Wald und Wild ganz besonders am Herzen liegen und der in tiefer Ehrfurcht vor der Kreatur die Größe des Schöpfers erkannt hat.

Jagderlebnisse bringen nicht nur Erfahrungen, sondern auch heitere Episoden mit sich. Und so möchte ich mich bei all meinen Jagdfreunden bedanken für ihr *jagerisches Mitwirken*. Ohne sie hätten wir so manchen Jagderfolg nicht errungen, und viele dieser Geschichten wären gar nicht zustande gekommen.

Mein ganz besonderer Dank gilt meiner literarisch versierten Nachbarin, Frau Dr. Margarete Meyer. Von ihr kam der Anstoß, meine Erlebnisse niederzuschreiben.

Zu besonderem Dank bin ich ferner Frau Friederike Wieser verpflichtet, die meine handschriftlichen Aufzeichnungen mit regem Interesse und viel Einfühlungsvermögen in *Fasson* gebracht hat.

Einen herzlichen Weidmannsdank richte ich schließlich an meine liebe Frau Elisabeth für das Verständnis gegenüber meinem mit tiefer Leidenschaft beharrlich betriebenen Hobby *Jagern*. Sie mußte viele Stunden im Leben allein und oft mit bangem Warten auf mich verbringen.

Pörtschach, im Frühjahr 1992
Alfred Walter

Wie ich zur Jagd kam

Daß ein guter Jäger aus echtem Schrot und Korn nur der werden kann, dem diese Leidenschaft durch Generationen hindurch auf dem Erbwege mitgegeben wird, kann ich von mir nicht behaupten. Weder mein Vater noch Großvater, den ich gar nicht kannte, waren Jäger. Und auch in den Generationen davor war laut Ahnenforschung nirgends ein Jäger zu finden.

Und trotzdem übten Wild und Wald schon im frühen Kindesalter einen eigenartigen Reiz auf mich aus. Ich lebte mit meinen Eltern, die in Klagenfurt eine Bäckerei betrieben, und meiner Großmutter während des Krieges in Pörtschach/See und tagsüber, während meine Eltern in Klagenfurt arbeiteten, erzählte mir meine Großmutter Geschichten von Wilderern und Förstern. Ich kannte das Märchen vom *gestiefelten Kater,* der als königlicher Jäger im Wald einen Sack hinlegte und ihn mit einem Stock, an dem eine Schnur zum Ziehen angebunden war, aufspreizte. Dann streute er Maiskörner hin, und wenn der erste Fasan den Mais aus dem Sack herauspicken wollte, zog der gewitzte Kater an der Schnur, und das Federvieh war im Sack gefangen. Genau das habe ich als Volksschüler natürlich auch ausprobiert. Nachmittags lief ich oft in den Wald und wollte dasselbe machen wie der Kater — doch vergebens. Der Leser wird hier vielleicht schmunzeln, zu Recht, aber in meiner kindlichen Phantasie hatte ich gehofft, genauso erfolgreich zu sein wie der königliche Kater im Märchen.

Mit acht Jahren zog ich mit meinen Eltern nach Klagenfurt. Pörtschach war nur noch unser Wochenenddomizil. Die großen Schulferien verbrachte ich jedes Jahr auf der Flattnitz. Dort kam ich dann wieder mit der Jagd in Berührung. In dem Alpengasthof waren alle Jäger: der Chef, der Buchhalter und der Verwalter. In unmittelbarer Nähe des Gasthofes lag auch das bischöfliche Forsthaus, und so kam es, daß ich jeden Tag mit den Jägern zu tun hatte. Ich durfte z.B. den Hund vom Förster und den Rolferl vom Gasthof jeden Tag bürsten.

Eines Tages lud mich der Förster zeitig in der Früh zum Forellenfischen ein. Der Buchhalter des Alpengasthofes, Herr Gatternig, mit Rucksack und Angelrute ausgerüstet, schlenderte mit mir durch das nasse Gras auf den Bach zu. Am Bach angelangt wurde eine Pfrille (kleine Forelle) geködert, und unser Angelabenteuer begann. Wir fischten vier Stunden lang bis zur Landesgrenze und erbeuteten dabei 8 Stück herrliche Forellen. Das war wohl mein schönster Ferientag. Da lernte ich das erste Mal, wie man im seichten Wasser mit der Hand eine Forelle fangen kann. Man liegt regungslos auf dem Bauch, die Hand im Wasser, und tastet langsam unter die großen Steine oder unter den Ufervorsprung. Spürt man eine Forelle, so fährt man langsam mit den Fingern den Bauch bis zu den Kiemen vor, um dann blitzschnell die Forelle herauszuwerfen.

Später durfte ich dann auf die Gamsjagd mitgehen. Das Revier lag im Eisenhutgebiet und war wunderschön. Da lernte ich Kolkraben und Rotkehlchen, Dohlen und Alpenhasen kennen, aber auch herrlichen Enzian, Edelweiß, Kohlröschen und viele andere Alpenblumen. Ich sah das erste Mal in meinem Leben Gemsen, wie sie über einen steilen Grat in eine von Latschen bedeckte Mulde zogen. Begeistert von der Vielfalt und wilden Schönheit dieser Natur schwor ich mir heimlich: »Wenn du einmal groß bist, wirst du Jäger.«

Nach meiner Schulausbildung erlernte ich im elterlichen Betrieb den Beruf des Bäckers und Konditors und schloß beide Berufe nach etlichen Jahren mit der Gesellenprüfung bzw. in weiterer Folge mit der Meisterprüfung ab. Und so kam es, daß die Verwirklichung meines Traumes bis zu meinem 25. Lebensjahr warten mußte.

Die Jagdprüfung

Da saß ich nun und büffelte für die Jagdprüfung. Dreimal wöchentlich mußte ich zu Abendkursen. Dort wurden uns Jagdkandidaten Theorie und Praxis des Jagens nähergebracht. Der Lehrplan war umfangreich und erstreckte sich über Haar- und Federwild bis hin zum Raubwild, Jagdhund, Jagdwaffen und Jagdgesetze. Im Vorbereitungskurs saß mit mir auch Roland, den ich kannte, weil er in einem Feinkostgeschäft in der Nähe unserer Bäckerei arbeitete. Er träumte schon von Herbsttreibjagden, zu denen uns sein Vater, der Mitglied einer Jagdgesellschaft war, bestimmt einladen würde, wenn nur die Prüfung einmal bestanden wäre. Das fand ich natürlich ganz toll, weil ich ja noch nicht wußte, wo ich nach der Prüfung jagen könnte.

Durch die Arbeit im Geschäft meiner Eltern lernte ich noch zwei Leute kennen, die für mich jagdlich von großer Bedeutung waren: Das waren die Chefin der Herrschaft Eberstein mit einer über 1000 Hektar großen Jagd auf der Saualpe und ein älterer väterlicher Freund, pensionierter Direktor, aus Krumpendorf. Dieser Mann wurde dann mein eigentlicher Jagdlehrer. Er war Mitglied einer Jagdgesellschaft in Krumpendorf und wohnte in einem netten Holzhaus mit dem Namen *Malepartus* direkt am See. Sooft nun die Dame aus Eberstein oder mein väterlicher Freund und Lehrmeister Obid aus Krumpendorf ins Geschäft kamen, gab es nur ein Thema: die Jagd. Ich hatte stets viele Fragen, und alle wurden mir immer mit einem verständnisvollen Lächeln und großer Geduld beantwortet. Und wenn ich heute an diese Zeit zurückdenke, muß ich sagen, daß diese beiden Menschen eine Engelsgeduld mit mir hatten.

Fast jeden Samstag und auch unter der Woche hockte ich bei meinem Freund Obid in Krumpendorf. Ich lernte das Ansprechen von Reh und Rotwild anhand von Bildern. Er zeigte mir die Kiefer verschiedener Böcke und nahm mich so oft wie möglich mit ins Revier, wo ich dann meine theoretischen Kenntnisse in die Praxis, d.h. am lebenden Wild, umsetzen mußte. Mal lag ich bei der Altersschätzung gut, mal weit daneben, und immer wieder lernte ich dazu. Ich begleitete ihn auf den Enteneinfall, und ich war dabei, wenn Obid bei einem Teich auf Bisam jagte. Ich bekam einen Bisam zu sehen, wie er schwamm und tauchte, wie er grüne Schilfstengel abbiß und in seinen Bau zog. Diese Kerle schwammen und tauchten wie die Weltmeister. An diesem kleinen Teich, der so idyllisch gelegen war, weitab vom Lärm der Stadt, da begriff ich, daß Jagd nicht einfach Lust am Töten ist, sondern Liebe und Leidenschaft zu Natur und Wild, und die Ehrfurcht vor dem Herrgott, der all das geschaffen hat: den Schöpfer im Geschöpf zu ehren!

Die Zeit verstrich, und der Tag der Prüfung kam immer näher. Noch einmal alles von vorn durchgelesen, dann war es soweit. Alle meine Freunde hielten mir die Daumen, und mit klopfendem Herzen begab ich mich am Tag der Prüfung schon um sieben Uhr morgens zum Geschäft des Herrn Wutte, unseres Kursleiters. Dort bekamen die Kandidaten noch einmal kurz und eindringlich das Wichtigste gesagt. Fragen, die besonders wichtig waren und die jeder Prüfling gestellt bekam, wurden erklärt, und gemeinsam fuhren wir dann zur Kärntner Jägerschaft in die Bahnhofstraße. Um elf kam ich dann an die Reihe und wurde nach einer guten Stunde mit den Worten verabschiedet: »Gratuliere, Sie haben bestanden!«

Das war es also gewesen. Ich war heilfroh, denn mehr als die Hälfte der Kandidaten unseres Kurses war durchgefallen. Nun stand ich da mit meiner ersten Jagdkarte und wußte nicht wohin. Jetzt galt es an Einladungen heranzukommen, oder was noch besser war, Mitglied einer Jagdgesellschaft zu werden. Noch am gleichen Tag fuhr ich zu meinem Lehrmeister Obid nach Krumpendorf. Dort feierten wir die bestandene Prüfung mit einer Flasche Sekt. Es war Mitte März 1967.

Jetzt war es wichtig, eine Ausrüstung anzuschaffen. Da meine finanziellen Mittel zu der Zeit nicht sehr groß waren, mußte ich mir alles gut überlegen. Zur Grundausstattung gehörten ein Fernglas, eine Büchse und eine Schrotflinte. Von meinen Eltern bekam ich ein Fernglas und eine alte 16er Schrotflinte, wobei das Fernglas eher für Touristen und Bergwanderer geeignet war als für einen Jäger, und die Schrotflinte hatte derart ausgeschossene Läufe, daß ein guter Schuß mit guter Deckung der Schrote nicht möglich war. Nach einigen Schießübungen mit meinem Lehrmeister in Krumpendorf entschloß ich mich, die Waffe einzutauschen. Mit Herrn Obid als kundigem Waffenexperten fuhr ich zu einem Waffengeschäft. Dort wurden uns einige schöne Flinten gezeigt. Nach langem Hin und Her riet mir mein Freund zu einer billigen und ganz gewöhnlichen Doppelflinte ohne Firlefanz, mit der treffenden Bemerkung, daß man als Anfänger mit einer teuren Flinte genauso daneben schießen konnte wie mit einer billigen. Ich befolgte seinen Rat und war mit der erstandenen Waffe sehr zufrieden.

Sie hat heute noch eine genauso gute Schußleistung wie vor 23 Jahren. Ein zweites Problem war die Kugelbüchse. Sie sollte ein Idealkaliber haben, für alle unsere heimischen Schalenwildarten geeignet sein und noch dazu halbwegs gut aussehen. So wälzten wir sämtliche Waffenkataloge durch, studierten die Trefferlage der verschiedensten Munitionsarten und Kaliber, und wieder hörte ich auf den Rat Obids und erwarb eine Mauserbüchse vom Kaliber 7 x 64 mit vierfachem Zielfernrohr und einen billigen Rucksack. Als Schuhwerk mußten meine Bundesheerschuhe herhalten, die ich als Reservist, wie viele andere auch, mit weiteren Ausrüstungsgegenständen zu Hause hatte. Jetzt war ich als Jungjäger fürs erste ausgerüstet und hoffte insgeheim, daß irgendwoher eine Jagdeinladung ins Haus flattern würde.

Mein erster Bock

Eines Tages im Sommer 1967 kam die Chefin der Herrschaft Eberstein, Frau Riedl, zu mir ins Geschäft. Die Jagd war jetzt alleiniges Gesprächsthema, und ich traute meinen Ohren kaum, als sie ganz nebenbei erwähnte, daß ich für das nächste Wochenende auf einen Rehbock bei ihr auf der Saualpe eingeladen sei. Ich glaube, sie hatte mir meine Freude in der Überschwenglichkeit, mit der ich mich bei ihr bedankte, vom Gesicht ablesen können, denn für mich bedeutete diese Einladung mehr als eine noble Geste gegenüber einem Jungjäger. Die Jagd auf meinen ersten Rehbock sollte Wirklichkeit werden!
Ich fieberte dem Wochenende entgegen und konnte

den Samstag kaum erwarten. Am Freitag wurde alles genau hergerichtet, der Rucksack gepackt, die Waffe und das Fernglas bereitgelegt, sogar das Auto wurde für diesen Zweck überprüft und frisch aufgetankt. Anhand einer Straßenkarte informierte ich mich über die günstigste Route nach Eberstein und von dort zum Forsthaus St. Oswald auf der Saualpe. Für den Revierförster, der mich führen sollte, verstaute ich noch eine gute Flasche Wein im Rucksack, und für die Jagdchefin besorgte ich einen schönen Blumenstrauß. Ich wollte auf jeden Fall angenehm in Erscheinung treten, denn, so sagte ich mir, vielleicht werden der ersten Einladung weitere folgen. An diesem Abend ging ich früh zu Bett, weil ich am nächsten Tag gut ausgeruht und topfit sein wollte, wenn ich mich bei der Jagdchefin — wie ausgemacht — um 10 Uhr vormittags in ihrem Büro in Eberstein melden sollte. Die Aufregung ließ mich allerdings sehr schlecht schlafen, und ich träumte lauter wirres Zeug von riesigen Rehböcken und winzigen Jagdhunden. Wie gerädert erwachte ich am nächsten Morgen, aber nach einer kalten Dusche und einem ausgiebigen Frühstück fuhr ich gut gelaunt meinem ersten Rehbockabenteuer entgegen.

Pünktlich um zehn stand ich vor dem Schloß. Es war ein großer, etwas düster wirkender Bau, in einem für alle Schlösser und Herrschaftshäuser typischen Gelb. Ich trat durch eine Tür, fast schon ein Tor, in eine große Halle. An den Wänden hingen zahlreiche Hirschgeweihe, auch ein ausgestopfter Auerhahn war dabei. Ich hatte den Eindruck, in einem Rittersaal zu stehen. Über eine weitläufige Treppe kam die Jagdherrin herunter und begrüßte mich recht herzlich. Ich überreichte ihr den Blumenstrauß und sah, wie sehr sie sich darüber freute. Wir wechselten ein paar belanglose Worte, und während sie mir den Weg zum Forsthaus beschrieb, ruhten ihre Augen mit einem warmen mütterlichen Ausdruck auf meinem Gesicht, als würde sie sagen: »Ich habe mich nicht getäuscht in dir, du weißt, was sich gehört.« Dann sagte sie mir noch, daß sie am Abend auch ins Forsthaus kommen würde und verabschiedete mich mit einem herzlichen *Weidmannsheil.*

Wenig später war ich bereits unterwegs in Richtung St. Oswald. Die kleine Ortschaft war bald erreicht, und nach zwei bis drei Kilometern verließ ich auch die Gemeindestraße, und eine laut Hinweisschild private Forststraße brachte mich meinem Ziel immer näher. Die Fahrt ging durch einen üppigen Jungwald, vorbei an einer herrlich blühenden Bergwiese, und nach ungefähr zehn Minuten war ich am Ende meiner kleinen Reise. Ich stieg aus dem Auto und sah mich erst einmal um. Da thronte oberhalb der Straße ein elegantes großes Forsthaus, wohl für die Herrschaft, und unter der Straße erblickte ich ein kleines liebes Jagdhäuschen, in dem der Förster mit seiner Frau wohnte. Von hier aus hatte man einen herrlichen Blick über das Görtschitztal bis weit nach Süden hin, wo man im Dunst die Karawanken erahnen konnte. Der Tag schien viel zu versprechen, jedenfalls spielte das Wetter herrlich mit. Laut bellend begrüßte mich ein bayrischer Gebirgsschweißhund, hinter ihm trat dann der Förster aus dem Haus und hieß mich lächelnd willkommen. Er führte mich in die Jagdstube, wo er mir auch seine Frau vorstellte. Dann kam er aber gleich zur Sache, er wußte, daß ich als Jungjäger erwartungsvoll meine erste Pirsch erleben wollte, auch bot er sich zur Beantwortung aller Fragen an, die sich bis jetzt in meinem Kopf angesammelt hatten. In der Zwischenzeit brachte uns die Frau eine Kanne herrlich duftenden Kaffees, für den wir uns noch Zeit lassen mußten.

»Dann gehen wir es an«, lächelte der Förster verschmitzt.

Als wir einander beim Kaffeeplausch gegenübersaßen, hatte ich Zeit, mir diesen Mann genauer zu betrachten. Er sah eigentlich gar nicht so aus, wie ich mir einen Förster vorgestellt hatte. Er war kein Riese mit wallendem Bart und tiefer Stimme, ganz im Gegenteil, er sah eher aus wie ein Beamter aus einem Büro.

Um ein Uhr brachen wir auf. Der »Bayrische« tänzelte schon aufgeregt umher, denn er wußte, wohin wir wollten. Hinter dem Forsthaus pirschten wir auf einem alten verwachsenen Forstweg der Hochalm zu. Etwa eine Stunde waren wir bereits unterwegs, als plötzlich aus einem meterhohen Brennesselbüschel ein roter Wildkörper wie ein geölter Blitz herausfegte und in hoher Flucht über eine kleine Blöße im Hochwald verschwand. Das war wohl ein Reh, soviel hatte ich gesehen. Mein Pirschführer nahm das Fernglas herunter und meinte ganz ruhig: »Das war ein Bock, ein ganz schwacher, hat nur zwei kurze Spieße. Den Burschen werden wir versuchen zu erwischen.«

Ich hatte vor Aufregung nicht einmal das Fernglas ans Auge gebracht, so schnell war der Spuk vorbei. Meine Hochachtung vor diesem Förster wuchs sprunghaft, und vergessen war, daß er keinen wallenden Bart hatte. Wir schlugen einen Bogen und stiegen ziemlich steil bergan. Nach ungefähr einer halben Stunde machten wir diesen Bock noch einmal hoch, und er flüchtete Richtung Baumgrenze. Der Förster war damit sehr zufrieden und erklärte mir, daß dort oben eine kleine Bergwiese läge, die der Bock höchstwahrscheinlich zur Äsung aufsuchen würde. Kurze Zeit später waren wir bei einem Hochsitz angekommen. »Bis an den oberen Rand der Wiese sind es ca. 200 Meter«, sagte der Förster.

Die Wiese war mit einigen kleinen Fichten und Sträuchern bestockt, und wir ließen uns hier nieder. Als wir so ruhig und andächtig verweilten, schnürte plötzlich ein Fuchs über die Wiese; das erste Mal, daß ich einen Fuchs in freier Wildbahn erlebte! Nachdem auch noch ein Alpenhase dahergehoppelt kam, war wieder eine Zeitlang Ruhe auf der kleinen Bergwiese. Unser Warten wurde belohnt: Wie hingezaubert stand plötzlich der rote Wildkörper mitten auf der Wiese. Ein Blick durch das Glas bestätigte dem Förster, daß es ohne Zweifel der schwache Spießer von vorhin war. Mit ruhigen Worten deutete mir der Förster zu warten, bis der Bock breit stünde. Dann war es so weit. Langsam äsend zog der Bock quer über die Wiese.

»Jetzt«, flüsterte der Förster, »schnell, bevor er hinter den Büschen verschwindet!«

Mein Schuß zerriß wie ein Peitschenhieb die Stille der Bergwiese. Den Bock warf es in eine Mulde. Wie aus weiter Ferne, ganz benommen, hörte ich den Förster sagen: »Weidmannsheil, der liegt!«

Nach kurzer Wartezeit baumten wir ab und gingen zum Bock. Da lag er nun, der schwache Spießer, der uns die ganze Strecke entlang fast bis hinaus zur Baumgrenze gepflanzt hatte.

Der Förster überreichte mir den Beutebruch, den ich mir gleich voller Stolz auf meinen Hut steckte. Dann fragte er mich, ob ich den Bock selbst aufbrechen möchte, da es aber mein erstes Stück Schalenwild war und ich so etwas noch nie durchgeführt hatte, machte sich der Förster selbst an die Arbeit. Ich schaute ihm interessiert zu. Der Bock bekam einen letzten Bissen, einen Fichtenbruch, in den Äser. Den edlen Aufbruch und den Pansen nahm der Förster in seinen Rucksack. Der Bock wurde daraufhin geschränkt und, so gut es ging, in meinen Rucksack verstaut. Meinen ersten Bock wollte ich unbedingt selbst tragen. Es war schon dunkel, als wir wieder beim Forsthaus ankamen. Der Förster erstattete sogleich Meldung bei der Jagdchefin, und dann saßen wir noch lange gemütlich beisammen. Spät abends verabschiedete ich mich und fuhr überglücklich mit meiner ersten Trophäe nach Hause.

Der zweite Bock

Drei Wochen später läutete das Telefon bei uns im Büro. Die Herrschaft Eberstein meldete sich. Wenn ich Lust hätte, könnte ich am Samstag auf einen Rehbock weidwerken. Und ob ich Lust hatte! Der Kanzleiförster, mit dem ich daraufhin telefonierte, bestellte mich für Samstag neun Uhr vormittags in sein Büro. Routiniert machte ich mich auf den bekannten Weg. Mit einer Flasche Wein im Rucksack stand ich dem Kanzleiförster, einem älteren netten Herrn, pünktlich gegenüber. Diesmal sollte mich der Revierjäger Karl begleiten. Der Förster erklärte mir noch den Weg ins Revierteil Jauernig, erwähnte auch, daß der Jäger zwei Kinder hatte, und dann war ich auch schon unterwegs dorthin. Beim ersten Lebensmittelgeschäft in Eberstein machte ich Halt, kaufte schnell noch zwei Tafeln Schokolade für die Kinder des Revierjägers, und weiter ging es. Nach einer halben Stunde Fahrzeit war ich beim Jagdhaus angekommen. Das schöne Holzhaus lag mitten in einer Wiese, umgeben von Wald und steilen Hängen. Ein kleiner Stall gehörte auch dazu, in dem sich die Familie ein paar Haustiere hielt. Als ich die Autotür hinter mir zudrückte, war das erste, was mir entgegenkam — wie sollte es auch anders sein —, der Hund, eine Dachsbracke, die mich sofort in ihr Herz schloß. Hinterdrein stapfte der Jäger, ein spaßiger Typ, mittelgroß, sehr hager und mit einem Schnauzbart. Er sprach steirischen Dialekt und hatte ein spitzbübisches Grinsen im Gesicht.

»Weidmannsheil!« begrüßte er mich und musterte mich von Kopf bis Fuß. Dann gingen wir in die Küche, um seiner Frau und den beiden Kindern Grüß Gott zu sagen. Da es gerade Mittag war, wurde ich gleich eingeladen, mit der Familie zu essen. Ich holte die Flasche Wein aus dem Rucksack, und die Kinder waren ganz aus dem Häuschen, als ich ihnen die großen Tafeln Schokolade überreichte.

Da sagte die Frau zu ihrem Mann: »Du Karl, schau zua, daß der Herr Walter zu an guadn Bock kimmt«, und zu mir gewandt: »Wenn's heid nit klappt, müassn 'S holt über Nocht dableibn, und dann probiert's es morgen früh noch einmal.« Ich war damit einverstanden.

Um zwei gingen wir los. Wir pirschten von Hochsitz zu Hochsitz, aber es war nichts zu sehen. »Die Brunft ist vorbei«, sagte mir der Karl, »und die Böcke sind jetzt sehr heimlich. Sie sind abgebrunftet und müssen erst wieder zu Kräften kommen.«

Wir saßen bis zum Einbruch der Dunkelheit auf einem Hochsitz und beobachteten einen Schlag. »Da zieht normalerweise ein guter 2b-Bock«, meinte der Jäger. Aber heute blieb der Schlag leer. Wir machten uns wieder auf den Heimweg, und beim Jagdhaus angekommen, entschloß ich mich zu bleiben, um mit Spannung die Morgenpirsch abzuwarten.

Um zwei Uhr früh weckte mich der Jäger. Wir nahmen nur eine Tasse Kaffee und ein paar Kekse zu uns und gingen los. Vorsichtig pirschten wir durch das Revier und bestiegen um etwa halb fünf einen Hochsitz. Langsam dämmerte der Morgen. Vor uns lag ein steiler Schlag mit einer mächtigen Salzlecke in der Mitte. Am Ende zog sich der Schlag zu einem Graben hin, der mit dichten Fichtenporzen und meterhohem Farnkraut bedeckt war. Ungefähr eineinhalb Stunden saßen wir da, als plötzlich am oberen Rand des Schlages eine Bewegung unsere Aufmerksamkeit weckte. Ja, das war ein Reh! Fahlgelb in der Farbe, das Haupt tief am Boden.

»Ein suchender Bock«, flüsterte mir der Jäger zu, »der paßt, das ist ein guter 2b-Bock.« Der Jäger fiepte zweimal kurz hintereinander, und der Bock blieb wie angewurzelt stehen.

»Schnell jetzt!« Ich mußte aufstehen, um den Bock ins Fadenkreuz zu bekommen, dann war der Schuß auch schon draußen. Der Bock schlug einen Purzelbaum, kam wieder auf die Läufe, rutschte den Schlag herunter und war verschwunden. »Weidmannsheil, der gehört schon uns«, freute sich Karl.

Als wir daraufhin nachschauten, konnten wir den Bock nicht finden. Erst mit Hilfe des Hundes kamen wir zum Tier. Es lag verendet unter einem Fichtenbüschel, an dem wir mindestens zehnmal vorbeigegangen waren. Das war nun mein zweiter Bock. Unter den scharfen Augen des Revierjägers habe ich den Bock diesmal selbst aufgebrochen und versorgt. Drei Stunden später war ich nach einem herzlichen Abschied auf dem Weg nach Hause. Im Kofferraum lag meine zweite Trophäe!

Die »Notwehr«

Eines schönen Tages kam mein Freund Roland bei mir vorbei: »Hallo, hast Du am Sonntag Zeit für eine Treibjagd in Poggersdorf? Wir jagen den ›Langen Rain‹.« Ja, natürlich hatte ich Zeit; denn Poggersdorf war eine bekannt gute Jagd mit vielen Hasen und Fasanen!

Pünktlich, wie ausgemacht, holte ich Roland zu Hause ab. Es war ein herrlicher Tag, blauer Himmel und weit und breit keine Wolke zu sehen. Wir freuten uns schon beide auf die Treibjagd, denn in Poggersdorf ging es immer recht lustig zu. Rolands Vater war Mitglied dieser Jagdgesellschaft, und man wies uns wohlwollend immer gute Standplätze zu. Unsere Patronengürtel waren gespickt mit Schrotpatronen, zusätzlich hatten wir noch jede Rocktasche mit Patronen vollgestopft. So viel Munition habe ich noch auf keiner Treibjagd mitgeführt, kam mir in den Sinn. Treffpunkt war das Gasthaus Poglitsch in Linsenberg. Um acht Uhr kamen wir dort an und wurden mit großem Hallo begrüßt.

In der kleinen Gaststube war kaum noch Platz und die Luft zum Schneiden dick vor lauter Zigarettenqualm. In der Menge saßen einige Jäger, die ich von anderen Jagden her kannte, und die Treiber mit ihren Hunden. Roland und ich bestellten uns gleich einen Tee mit Verdünnung, wie es sich für richtige »Jaga« gehörte, und dann wurde kräftiges Jägerlatein aufgetragen, daß sich die Balken bogen.

Um halb neun wurde zum allgemeinen Aufbruch geblasen. In drei Gruppen marschierten wir los. Roland war nicht bei mir in der Gruppe. Der erste Trieb wurde angeblasen. Mein Stand am Ende einer kleinen Lichtung war gut übersehbar. Nach einigen Minuten konnte man schon die ersten Schüsse hören, die Spannung wuchs. Darauf folgte lautes Hundegebell. Immer näher kam das Geläut der Meute. Sie mußten scheinbar irgend etwas treiben. Ich hörte auch schon den Ruf der Treiber, »auf'gschaut Has!«, dann den Schuß von meinem Nachbarschützen und danach herrschte Stille. »Aha«, sagte ich mir, »der hat seinen Hasen!«

Nach etwa einer Stunde war der erste Trieb beendet, und es wurde zum Sammeln geblasen. Am Sammelplatz wartete bereits ein Marketender, und es herrschte fröhliche Stimmung. Nach der Pause wurde der zweite Trieb eingeteilt. Diesmal bekam ich einen Stand auf einer Wie-

se, rechts neben mir zog sich ein steiler, langgezogener Hang mit Haselstauden, Brombeeren und Farnkraut bewachsen hinauf. 80 Meter hinter mir konnte ich den Feldweg erkennen, an dem wir uns am Ende des Triebes zu sammeln hatten. Ich nahm meinen Jagdstuhl aus dem Rucksack, setzte mich darauf und harrte der Dinge, die da kommen sollten. Der zweite Trieb war ziemlich ruhig, man hörte nur vereinzelt ein paar Schüsse. Nach etwa einer halben Stunde kamen die ersten Jäger, an denen die Treiber schon vorbeigezogen waren, auf dem Feldweg daher. Normalerweise durfte kein Jäger den Stand vor dem Abblasen verlassen. Aber das waren alles ältere Herren, die aufgrund *ihrer Erfahrung* zu wissen meinten, daß der Trieb gleich beendeet sein würde, denn ich war der letzte Schütze, und die Treiber waren schon sehr nahe. Als die alten Jäger mich erblickten, blieben sie stehen. Ich konnte sie sogar sprechen hören. »He!« rief der eine, »da sitzt ja auch noch einer. Bist du der letzte?«

»Ja«, gab ich zurück. Und dann nahm das Schicksal seinen Lauf. Plötzlich erweckte der scharfe Laut eines Hundes meine Aufmerksamkeit. »Paß auf!« riefen die Jäger hinter mir gespannt. Und da war er schon, der Hase.

Er kam unheimlich schnell und pfeilgerade auf mich zu. Ich saß auf dem Jagdstuhl, die Flinte im Anschlag und kam und kam nicht zum Schießen.

»Schieß doch!« drängten die Männer, und ich dachte, »jetzt, jetzt ist er nahe genug.«

Ich schoß eine Dublette, und schon war der Hase an mir vorbei, und zwar so nahe, daß ich ihn hätte greifen können. Schnell griff ich in die Rocktasche, um zwei neue Patronen herauszuholen, und dabei fiel ich mitsamt dem Jagdstuhl um. Das alles ging so blitzartig, so daß es für die alten Herrn, die hinten am Feldweg standen und mich beobachtet hatten, aussah, als hätte mich der Hase vom Stuhl gerissen. Hinter mir hob natürlich ein schallendes Gelächter an. Als ich tief beschämt zu Holze zog, um den Marketenderwagen aufzusuchen, wurde ich von den Mitgliedern der Jagdgesellschaft mit lautem Hallo und Beifallsrufen empfangen. Man bescheinigte mir schadenfroh, daß die Dublette auf den Hasen natürlich reine Notwehr gewesen sei. Ja, ich sollte sogar froh sein, daß mich der Hase nur vom Stuhl gestoßen hatte, die Hasen hier wären nämlich sehr wild.

Das war wohl die dunkelste Stunde meiner Jägerlaufbahn. Ich hatte also für ausreichend Gesprächsstoff gesorgt. Doch wie heißt es so schön, ein Unglück kommt selten allein! Der dritte Trieb begann. Roland und ich standen als erste in einer Schneise am Rande einer sumpfigen Mulde. Bestes Fasangebiet. Die anderen Schützen bildeten einen Halbkreis, circa 80 Meter höher hinter uns, und konnten uns genau beobachten. Es wurde angeblasen, und die Treiber mit ihren Hunden kamen langsam auf uns zu. Ein erster Hahn wurde hochgemacht und strich pfeilschnell auf uns zu. »Paß auf, Roland!« rief ich.

Wir hielten noch etwas inne, dann hob Roland sein Gewehr. Wumm! Wumm! Glatt gefehlt, der Hahn war weg. Und schon kamen die Hähne daher, einer nach dem anderen. Roland und ich schossen wie die Wilden, wir waren ganz verbissen, wenigstens einen herunterzuholen. Ich ließ alle meine guten Vorsätze vor mir ablaufen, dachte an alles, was ich von meinem Lehrherrn gehört hatte, sogar das Tontaubenschießen kam mir in diesem Moment in den Sinn. Ich bemühte mich, ruhig zu bleiben, »mitfahren«, hieß es immer, »du mußt mit dem Ziel mitfahren, nur ja nicht stehenbleiben!« Aber vergebens, ich konnte einfach keinen Treffer landen. Mein Patronengurt war schon längst leer, und ich holte die beiden letzten Patronen aus meiner Rocktasche. Rasch nachgeladen, da kam auch schon wieder ein Hahn daher. Genau gezielt, schön mitgefahren und abgezogen. Draußen war die Dublette. Aber alles, was vom Himmel herunterfiel, war eine Feder. So, jetzt hatte ich keinen Schuß Munition mehr. Ich rief Roland zu, ob er mir mit ein paar Schrotpatronen aushelfen könne, aber er konnte mir nur mehr verblüfft versichern, daß er auch keine mehr hatte. So etwas war mir wirklich noch nie passiert! Kein Schuß Munition, aber es war ja ohnedies der letzte Trieb. Und siehe da, die Hähne jagten vereinzelt weiter in die Höhe, und wir konnten nur noch zusehen.

Die Treiber, die nun schon recht nahe waren, riefen: »Aufg'schaut Has'! — Has'!« und gleich darauf flitzten zwei Hasen zwischen Roland und mir durch. Wir schauten uns verdutzt an und mußten lachen. Jetzt waren die Treiber da.

»Warum schiaßt ihr denn nicht? Ihr steht da und schaut nur!«

»Ja«, murmelte ich beschämt, »wir haben uns verschossen, wir haben keinen einzigen Schuß mehr.«

»Mein Gott«, seufzte der eine Treiber vorwurfsvoll, »vorher reißt dich glatt ein Hase vom Stuhl, und jetzt hast keine Munition mehr, was bist du denn für ein Jäger?«

Ich hätte mich am liebsten in ein Mausloch verkrochen. Roland und ich schlenderten langsam den Weg hinauf Richtung Gasthaus Poglitsch, wo der sogenannte Schüsseltrieb stattfand. Ja, und wer den Schaden hat, braucht bekanntlich für den Spott nicht zu sorgen. Wegen meines *Notwehrverhaltens* gegen einen Hasen wurde ich gleich einmal zu einem Liter Rotwein für die Treiber verurteilt, ferner mußten Roland und ich wegen unnötiger Lärmentwicklung und Mitführens von viel zu wenig Munition in einem so gut besetzten Revier noch zwei weitere Liter für die Treiber bereitstellen. Die einzige nachhaltige Erinnerung an dieses Jagderlebnis war zwei Tage später eine blau-gelb-grüne Verfärbung meiner rechten Schulter, die ich aber lieber geheimhielt.

Mein erster Bisam

Den lustigen Ausgang dieser Treibjagd erzählte ich auch meinem Freund Obid aus Krumpendorf. Der lachte nur und sagte: »Du mußt halt mehr üben mit der Flinte und dich ganz fest konzentrieren!«

»Komm«, meinte er daraufhin, »fahren wir zum Wirtnig Teich. Du willst ja schon lange einen Bisam zum Ausstopfen, oder?« — »Ja, natürlich«, freute ich mich.

Herr Obid nahm sein Kleinkalibergewehr, Fernglas und Mantel. Wir verstauten alles im Auto und fuhren los. Zehn Minuten später waren wir am Teich angekommen. Er lag abseits der Straße in einer Mulde, umgeben von Schilf, hohen Buchen, Eichen und Erlenbäumen. Der Teich war richtig versteckt, von keiner Seite konnte man ihn einsehen. Durch hohes Gras und Gebüsch erreichten wir das Ufer. Dort machten wir es uns etwas erhöht, neben einer mächtigen Buche, bequem. Nur ein

paar Enten schwammen umher, und die Sonne versilberte die Kreise, die sich an der Wasseroberfläche bildeten. Ab und zu hopste ein Fisch hoch, um gleich darauf mit schwerem Platschen in das Wasser zurückzufallen. Eine Libelle jagte nach Insekten, und ein wunderschöner Zitronenfalter flog mit gaukelndem Flügelschlag dem Schilf zu. Eine idyllische Stille herrschte hier.

Nun hieß es gut aufpassen, denn ein schwimmender Bisam war schwer zu erkennen, weil nur Nase und Augen aus dem Wasser lugen. Das einzige Zeichen ist die kleine pfeilförmige Bugwelle, die er beim Schwimmen hinterläßt. Sie entsteht dadurch, daß das Wasser an der Nasenspitze geteilt wird. Eine halbe Stunde beobachteten wir gespannt die Wasseroberfläche, und wirklich bildete sich nach einer Weile eine Bugwelle, die in unsere Richtung kam. Ich nahm das Kleinkalibergewehr meines Freundes und ließ den Bisam näher kommen. Dann fuhr ich mit dem Fadenkreuz auf den Wellenspitz, wo die Nase des Bisams herausragte und betätigte den Abzug. Die schwache Patrone verursachte fast keinen Knall. Der Bisam tauchte weg. Ich hatte wieder einmal gefehlt. Der Vorteil der Kugel war, daß man das Tier nicht verletzte, wenn man fehlte. Bei einem Schrotschuß, der sich in diesem Paradies noch dazu wie ein Donnerschlag anhören würde, wäre die Gefahr des Anschweißens des Tieres bei einem Fehlschuß sehr groß. Da war mir die kleine Kugel schon lieber.

Eine weitere Stunde verging. Da bemerkte ich wieder eine pfeilförmige Bugwelle. Ein Blick durch das Glas bestätigte meine Vermutung. Ein ausgesprochen starkes Exemplar eines Bisams kam nun dahergeschwommen. Doch plötzlich verflüchtigte sich die Welle, und ich vergewisserte mich schnell durch das Fernglas, was los   war.
Da lag der Bisam ganz ruhig im Wasser und schien sich zu sonnen. Nur die Nasenspitze und das Augenpaar schauten aus dem Wasser. Das war natürlich die ideale Gelegenheit, denn es war immerhin leichter auf einen still liegenden Bisam zu schießen als auf einen sich bewe-

genden. Vorsichtig, ganz vorsichtig nahm ich das Gewehr hoch. »Nur keine hastige Bewegung« dachte ich bei mir, »bei der leisesten Bewegung wird der Bisam sofort untertauchen!« Langsam fuhr ich mit dem Fadenkreuz etwas hinter die Augen und erahnte mehr als ich sehen konnte den Träger (Hals) des Tieres. Mit einem leisen *patsch* zischte die Kugel aus dem Lauf. Jetzt war Bewegung im Wasser. Der Bisam schlug ein paarmal um sich, dann lag er still.

Ich stieg zum Uferrand hinunter und versuchte, mit einer langen Rute den Tierkörper zu mir herzuziehen. Aber leider lag er zu weit draußen im Wasser. Es blieb mir nichts anderes übrig, als mich auszuziehen. Nur mit der Unterhose bekleidet, watete ich langsam in das kalte Wasser. Bis über die Knie mußte ich hinein, bis es mir mit Hilfe der Rute gelang, das Tier heranzuziehen. Mein Herz jubelte. Das war ein ganz kapitaler Bisam. Am gleichen Tag noch brachte ich ihn zum Präparator.

Seitdem habe ich nie mehr einen Bisam geschossen. Ich bin aber noch sehr oft zum Beobachten an den Teich gefahren und habe mich der Schwimm- und Tauchkünste der Tiere erfreut. Ich dürfte allerdings der einzige Kärntner Jäger sein, der jemals von seiner Jagdbeute gezwungen wurde, sich bis auf die Unterhose auszuziehen!

Mein erstes Stück Rotwild

Anfang November erhielt ich eine Einladung auf ein Stück Kahlwild auf der Saualpe. Ich sollte am Samstag vormittag beim Jäger Karl in Jauernig sein. Zeitig in der

Früh packte ich meine Sachen ins Auto und fuhr los, nicht ohne eine Flasche Wein für Karl, Schokolade für die Kinder und ein dunkles Vollkornbrot für die Frau. Karls Frau hatte bei der Jagdchefin nämlich einmal diese Sorte Brot entdeckt und konnte sich nicht vorstellen, wie sie schmeckte, und bei meinem nächsten Besuch versprach ich ihr dann, eine Kostprobe mitzubringen.

Es war ein wunderschöner Tag. Ich erreichte um zehn das Jagdhaus in Jauernig. Bei all meinen Einladungen auf die Saualpe hatte ich bisher immer gutes Wetter gehabt. Karl stand schon in der Tür und hieß mich mit einem kräftigen *Weidmannsheil* herzlich willkommen. Hier in Jauernig fühlte ich mich schon wie zu Hause. Wir gingen in die Stube, und ich begrüßte Karls Frau und die Kinder. Dann stellte ich den Rucksack auf den Tisch und begann auszupacken. Beim Anblick der Flasche lachte der hagere Karl spitzbübisch und meinte: »Bravo, die trinken wir noch heute!«

Die Kinder um mich bekamen jedesmal große Augen, wenn ich die Schokolade austeilte, und die Frau schlug vor Freude die Hände zusammen, als sie das Vollkornbrot sah und sagte: »Daß Sie noch daran gedacht haben!«

Karl ging in den Hühnerstall und schlachtete eine Henne. Zu Mittag gab es dann ein saftiges Brathendl. Nach dem Essen saßen Karl und ich gemütlich vor dem Jagdhaus. Karl rauchte sein fürchterliches Kraut und erwähnte so nebenbei, daß er nicht weit vom Jagdhaus in einem Schlag ein ziemlich sicheres Tier bestätigt hätte.

Gegen ein Uhr brachen wir auf. Wir pirschten durch den Hochwald, vorbei an schön gelegenen Bergwiesen. Dann mündete der Pirschsteig in einen mit Gras schon

ziemlich verwachsenen alten schmalen Holzbringungs-
weg.

Da blieb Karl stehen und flüsterte mir zu: »Jetzt müssen wir sehr vorsichtig sein. Dort vorn, etwa 80 Meter
weiter, liegt eine kleine, vom Wald umgebene sumpfige
Wiese. Da steht am Nachmittag gerne Rotwild. Und am
Ende des Weges befindet sich der Hochsitz. Auf den
müssen wir hinauf, um die Wiese einzusehen.«

Der Wind war gut, und so pirschten wir hintereinander leise weiter. Ich achtete darauf, daß ich nirgends an-
stieß oder gar auf einen Ast trat. So kamen wir vollkommen lautlos beim Hochsitz an und stiegen leise die Leiter hinauf. Karl war schon fast oben und ich ungefähr in
der Mitte der Leiter, als wir beide in unserer Bewegung
innehielten. Fast gleichzeitig hatten wir Einblick in die
in einer Mulde liegende Wiese erhalten. Da stand in der
herbstlichen Nachmittagssonne ein ganzes Rudel Rotwild bei der Äsung. Wir wagten es kaum mehr, uns zu
bewegen. Ruhig flüsterte Karl: »Nicht bewegen!«

Ich zählte und kam auf 12 Stück. Hauptsächlich Kahlwild, Kälber und ein paar schwache Hirsche. Karl suchte
mit dem Glas nach einem passenden Stück. Dann hatte
er es wohl gefunden: »Links draußen, das letzte Tier neben dem Spießer, das paßt«, flüsterte er, »aber warten Sie
mit dem Schießen, bis ich es Ihnen sage. Ich muß erst
versuchen, auf den Hochsitz hinaufzukommen!«

Im Zeitlupentempo stieg er die letzten zwei Sprossen
hinauf und setzte sich auf den Boden des Hochsitzes. Da
warf das Leittier auf. Karl legte den Finger auf den Mund
und bedeutete mir, auf der Leiter stehenzubleiben. Da
stand ich nun äußerst unbequem auf der Leiter. Immer,
wenn ich das Gewicht ein wenig verlagern wollte, knarr-

ten die Sprossen, und die Tiere sicherten sofort zu uns herüber. Ich durfte mich also nicht mehr bewegen. Der Karl
flüsterte mir zu, daß ich von der Leiter aus schießen müsse, und ich solle ganz leise das Gewehr von der Schulter
nehmen. Als ich das endlich geschafft hatte, stand mir
der Schweiß auf der Stirn. Noch dazu hatte sich ein Kalb
hinter das Tier geschoben, so daß ich nicht gleich schießen konnte. Dann bettete sich das ganze Rudel. Ich stand
auf der Leiter, konnte mich nicht bewegen, und langsam
spürte ich, daß mir die Gliedmaßen einschliefen. So
mußte ich fast eine dreiviertel Stunde auf der Hochsitzleiter zubringen, bis endlich das Rudel hoch wurde.

»Jetzt aber schnell!« flüsterte Karl von oben. Und wie
schnell ich war. Hochblatt hineingefahren, der Schuß
krachte, und das Rudel Rotwild verschwand im schützenden Hochwald. Endlich war ich von meiner unangeneh-
men Lage befreit und konnte auf den Hochsitz hinauf.

»Weidmannsheil!« klopfte mir Karl auf die Schulter,
»das Stück hat Schuß!« »Gott sei Dank!« seufzte ich erleichtert, »ich hätte es nicht mehr lange ausgehalten.«

Eine Stunde warteten wir noch zu, dann gingen wir
zum Anschuß. Dort fanden wir den ersten Schweiß.

»Heller, blasiger Schweiß — Lungenschweiß«, meinte
Karl, »das Stück liegt bestimmt nicht weit.«

Und so war es auch. Nach etwa 60 Metern fanden wir
das bereits verendete Tier. Es war stark und hatte gute
Grandeln. Nach dem Aufbrechen begaben wir uns wieder nach Hause, wo mir Karl meine ersten Grandeln mit
herzlichem Weidmannsheil überreichte. Der Abend
wurde noch sehr fröhlich, und sehr spät fuhr ich dann
todmüde, aber überglücklich mit meinen Grandeln nach
Hause.

Der lange Fasanhahn

Das Jahr ging langsam dem Ende zu, und ich wurde von Roland zu einem kleinen *Stamperer* an einem Samstagnachmittag eingeladen. Ausgerüstet mit Flinte und Patronengurt holte ich Roland ab. Bald nach Mittag waren wir in Linsenberg beim Gasthaus Poglitsch angekommen. Ich freute mich schon auf diese Jagd; das würde so richtig nach meinem Geschmack werden! Es waren mit

mir nur acht Schützen, zwei Treiber, und wir hatten zwei Hunde. Ein paar Schachterln und ein kleines Moos sollten durchgejagt werden, gerade so ein bis zwei Stunden. Schon beim ersten Trieb erbeutete Roland einen Hasen und kam ganz stolz damit zum Sammelplatz. Beim zweiten und letzten Trieb stand ich am Rand des Mooses. Die beiden Hunde suchten im niedrigen Schilf weit ausgreifend in der typischen Manier der Vorstehhunde, einer links und einer rechts. Plötzlich stand einer der Hunde vor. Ich konnte das von meinem Platz aus genau beobachten, denn der Bewuchs des Mooses, Schilf und Grasbüschel, war ohnehin sehr niedrig, und die Weiden und Stauden hatten um diese Jahreszeit schon kein Laub mehr. Bald stand auch der zweite Hund vor. Langsam, ganz langsam zogen die Hunde nach und standen wieder ganz sicher vor. Ich machte mich schon schußfertig. Die beiden Treiber kamen langsam heran und gaben den Hunden den Befehl zum Einspringen. Tatsächlich, zwei Fasane schreckten hoch, ein Hahn und eine Henne. Da die Henne nicht geschossen werden durfte, blieb mir nur der Hahn. Er kam genau richtig auf mich zu, und mit einem einzigen Schuß holte ich ihn herunter. Wie ein Stein fiel er auf die Wiese. Roland, der in meiner Nähe war, rief lachend: »Weidmannsheil Fredi, war das Zufall oder Können?« »Selbstverständlich Können«, gab ich mit stolzer Pose zurück, obwohl ich mir gar nicht so sicher war.

Als ich daraufhin auf den Hahn zugehen wollte, um ihn zu holen, waren die beiden Hunde plötzlich dort und schnappten nach dem Tier. Jeder wollte in eine andere Richtung damit. Mit einem Geschrei liefen wir zu den Hunden, und jeder von uns stürzte sich auf einen.

Nachdem sich der *Knoten* aus Hunden und Jägern löste, sah der Fasan böse zugerichtet aus. Er hatte jede Menge Federn und fast den ganzen Stoß verloren und war zudem durch die Zieherei fast doppelt so lang geworden. Der Anblick war entsetzlich, und wir beschlossen, ihn erst gar nicht zur Strecke zu legen.

Böse Zungen im Dorf behaupteten später allerdings, daß wir eine neue Art von Fasanhahn im Revier ausfindig gemacht hätten, den sogenannten *Langhahn!*

Seit meiner Jagdprüfung waren nunmehr fast drei Jahre vergangen. In Jägerkreisen hatte ich mich recht gut eingelebt. Doch langsam kristallisierte es sich heraus, daß meine jagdliche Betätigung hauptsächlich darin bestand, im Herbst zu den einzelnen Treibjagden zu gehen. Irgend etwas fehlte mir einfach. Ich wollte pirschen, im Winter das Wild füttern, jagen können, was das Jagdgesetz erlaubte, und nicht nur bei diversen Einladungen dabeisein. Ich träumte von einer eigenen Jagd. Mir schwebte ein kleines Revier vor, kein Niederwildrevier, in dem man während des Jahres ein paar Hasen und Fasane schießen konnte, vielleicht noch ein oder zwei Rehe, nein: mein Traum war ein kleines, uriges Bergrevier. Dabei dachte ich oft an meine schönen Jagderlebnisse mit Karl auf der Saualpe. Je öfter nun meine Gedanken um ein Bergrevier kreisten, desto schwerer wurde es mir ums Herz. Bald stand für mich fest, daß nicht nur die jährlichen Treibjagden im Herbst Inhalt meines Jägerlebens sein konnten. Da war etwas, tief in mir, was mich erschauern und jauchzen zugleich ließ. Es war der Zauber der Bergjagd. Aber das waren alles Hirngespinste, Spinnereien, und allein der Gedanke, was so eine Jagd an Pacht kosten würde, holte mich schnell wieder in die Wirklichkeit zurück.

Das Schicksal verschlug mich in die Gastronomie, und so mußte ich aus beruflichen Gründen meinen Wohnsitz nach Pörtschach verlegen, wo ich ein kleines Hotel übernehmen konnte, welches ich heute noch mit meiner Frau führe. Diese Veränderung erwies sich als sehr gut für mich, denn ich war nun selbständig und mein eigener Herr. Unser Haus thronte in einem großen Garten mit einem angrenzenden kleinen Wäldchen. Jetzt bot sich die Gelegenheit, mir über einen Jagdhund Gedanken zu machen. Für 1.900 Schilling (also etwa 270 DM), erwarb ich *Heck,* meinen ersten Jagdhund, einen Deutsch-Langhaar-Vorstehhund, und zwar auf eine ganz und gar ungewöhnliche Art und Weise: Ich war in Klagenfurt, um mich in einem Waffengeschäft mit Schrotpatronen für den Herbst einzudecken. Beim Bewundern

der Auslage des Geschäfts mit all den herrlichen Jagdutensilien bemerkte ich einen kleinen weißen Zettel, auf dem in schönen Lettern zu lesen war: »Vorstehhund, eineinhalb Jahre alt, billig abzugeben. Anfragen im Geschäft!« Und schon hatte ich für nichts mehr in der Auslage Augen. Nur diese Annonce war mir sehr wichtig, und wie ein Magnet zog sie mich ins Geschäft. Auf meine Frage, wo man denn den Hund anschauen könne, erhielt ich bereitwillig Auskunft: »Der Hund gehört dem Jäger vom Schloß Otmanach, nordöstlich von Klagenfurt.«

Also nichts wie hin zum Schloß, bevor mir jemand zuvorkommt. Zwanzig Minuten später hatte ich das Schloß erreicht und wurde von einer Sekretärin in der Halle, die irgendwie einem überdimensionierten Wohnzimmer glich, empfangen. Ich stellte mich vor, brachte mein Anliegen vor und fragte, warum der Hund eigentlich verkauft werde. »Ja«, sagte die Sekretärin, »das ist so, der Besitzer des Schlosses, zu dem auch eine große Eigenjagd gehört, lebt in Amerika und kommt nur gelegentlich zur Jagd her, und der Jäger, der das Revier betreut, braucht den Hund nicht mehr. Er ist überflüssig, und wenn sich kein neues Herrl für ihn findet, hat der Jäger den Auftrag, den Hund zu erschießen!«

Während das Fräulein mir das erzählte, trottete ein Pekinese in das Riesenwohnzimmer. Er war genauso breit wie lang. Der Bauch streifte den Boden, auf einem Auge war er ganz blind und auf dem zweiten auch schon zur Hälfte. Er mußte bestimmt schon zehn oder zwölf Jahre alt sein. Ein Bild des Jammers. Überall stieß er an, rannte gegen einen Stuhl oder den Türstock.

»Ja, aber hören Sie mal«, ließ ich meine Verwunderung aus, »wie kann man nur einen Vorstehhund von 1 1/2 Jahren erschießen wollen und so ein armes Luder wie diesen Pekinesen am Leben erhalten?«

»Ja«, flötete die Sekretärin mit süß-saurem Lächeln, »das hat der Besitzer so angeordnet!« Es war ihr sichtlich peinlich, daß der alte, blinde und fette Pekinese gerade jetzt hereingekommen war. »Sehen Sie sich den Hund erst einmal an, er ist beim Jäger in einem Zwinger untergebracht«, lenkte sie gleich wieder ab.

Ich fragte noch, wie lange ich Zeit hätte, mir die Sache zu überlegen. »Eine Woche«, sagte die Sekretärin und ihre Stimme klang bittend, »nehmen Sie ihn doch, sonst muß ich nächste Woche dem Jäger den Auftrag geben, den Hund zu erschießen! Ich kann nichts dafür, aber der Besitzer will das so.«

In mir krampfte sich alles zusammen. Ich verstand die Welt nicht mehr. Ein junger Hund sollte sterben, damit ein alter, halb toter weitervegetieren konnte. Ich versprach der Verwalterin, mir die Sache in den nächsten beiden Tagen zu überlegen. Dann ließ ich mir noch die Telefonnummer geben, erkundigte mich nach dem Haus des Jägers und verließ das Schloß. Im Auto sitzend überlegte ich, daß ich auch meiner Frau Bescheid sagen mußte, denn ein Hund sollte ja auch in der Familie willkommen sein. Oder sollte ich das ganze Erlebnis einfach vergessen? Von Zweifeln hin- und hergerissen fuhr ich los. Zuerst wollte ich mir einen Überblick über die ganze Sache verschaffen und lenkte meinen Wagen zum Haus des Jägers. Der Jäger war gerade nicht da, wurde mir von seiner Frau, einer kleinen, korpulenten, unsympathischen Person, ausgerichtet. Ich trug ihr meinen Wunsch vor, den Hund zu sehen.

»Ja«, sagte sie, »der Zwinger ist nicht hier beim Haus, sondern ein Stück weiter weg. Fahren Sie den Feldweg hinunter, ungefähr 100 Meter, direkt neben dem Weg.«

Ich machte mich sofort auf den Weg und fand auch bald den Zwinger von 3 x 3 Metern, hoch eingezäunt. Mittendrin eine kleine Hundehütte mit Giebeldach, auf der das Tier hockte. »Ein wunderschöner Hund«, kam es mir in den Sinn, aber die Hütte war für ihn viel zu klein, das sah ich sofort. So ein großer Hund konnte in so einer kleinen Hütte beim besten Willen keinen Platz haben. Die Futterschüssel war verdreckt, und Wasser gab es überhaupt keines. Das war mein erster Eindruck, und weil der erste Eindruck meistens maßgebend ist, war ich damit auch dem Jäger gegenüber, der für die Haltung des Hundes verantwortlich war, negativ eingestellt, obwohl ich ihn noch gar nicht gesehen hatte. Der Hund fing sofort laut zu bellen an, als ich mich an den Zaun des Zwingers stellte. Beruhigend sprach ich auf ihn ein und hockte mich hin, so daß wir beide ungefähr in gleicher Höhe waren. Während ich so eine Zeitlang auf den Hund einredete, beobachtete ich ihn ganz genau. Es war ein ausgesprochen schönes Tier, die braunen Augen wiesen sogar einen leichten Stich ins Gelbliche auf, fast wie bei einem Wolf. Mir fiel auch der schöne lange Behang auf, die Grundfarbe war braun mit kleinen weißen Flecken und Tupfen, vor allem an den Läufen, ein Schimmel also. Ich war vom ersten Augenblick an in den Hund verliebt. Vorsichtig streckte ich zwei Finger durch den Maschendraht, und wie der Blitz faßte der Hund zu, aber er biß nicht. Nur den heißen Atem und die Zähne fühlte ich.

»Jetzt nur keine Angst zeigen«, dachte ich mir. In ruhigem Ton sprach ich weiter auf das Tier ein und kraulte mit den zwei Fingern seine Nase. Dann preßte ich meinen ganzen Körper gegen den Zaun und der Hund bewindete mich minutenlang ganz intensiv. Dabei konnte ich erkennen, daß er sehr schlecht im Futter stand, die Schulterblätter und Beckenknochen standen richtig hervor. Der arme Kerl bekam bestimmt sehr wenig zu fressen. Außerdem war sein Haar ohne Glanz. Im großen und ganzen machte er einen recht ungepflegten Eindruck. Aber dafür konnte der Hund nichts, diese Nachlässigkeit dem Tier gegenüber war einzig und allein dem Jäger zuzuschreiben!

Wie ich mich so mit dem Hund beschäftigte, spürte ich, daß mein Zorn immer mehr wuchs. Was mußte dieser Jäger nur für einen Charakter haben, daß er ein so edles Geschöpf derartig gedemütigt in so einem kleinen Käfig hielt, denn als Zwinger konnte man so etwas nicht bezeichnen. Jetzt gab es nur eines, ich wollte so rasch wie möglich nach Hause und meine Frau holen und mich mit ihr besprechen. Als ich zum Auto ging, warf ich noch einen Blick zurück. Der Hund sprang wieder auf sein Hüttendach und schaute mir nach. Dann begann er zu heulen wie ein Wolf, daß es mir durch Mark und Bein ging. Jetzt glaubte ich auch zu wissen, warum er weitab von Haus und Mensch sein Leben fristen mußte; bestimmt wegen der Jaulerei. Dem Jäger lastete ich schwere Fehler bei der Abführung des Hundes an.

Bereits zwei Stunden später kam ich mit meiner Frau wieder zum Hundezwinger zurück. Laut bellend und schwanzwedelnd wurden wir begrüßt, als ich aus meiner Tasche gleich eine große Knackwurst hervorholte und dem Hund durch das Maschengitter steckte. Der erste Kontakt war hergestellt. »Na ja«, sagte mein Frau, »der Hund ist schon sehr groß. Aber lieb ist er und sehr schön und so arm! Bevor sie ihn erschießen, nehmen wir ihn mit!«

Ich freute mich sehr, daß meine Frau sofort einverstanden war mit dem Tier.

Von zu Hause aus rief ich gleich wieder im Schloß an, daß ich am nächsten Vormittag den Hund holen würde und daß man die erforderlichen Papiere — Ahnentafel, Impfpaß usw. — bereitlegen möchte.

Am nächsten Tag empfing mich die Sekretärin freudig lächelnd beim Schloß: »Gott sei Dank, daß sie den Hund nehmen, da bleibt uns die furchtbare Last des Erschießens erspart!«

Ich mußte, der ich sonst sehr ruhig und gelassen bin, mit einer bissigen Antwort kontern: »Erschießen Sie besser den Jäger, der diesen Hund zu betreuen hatte. Wissen Sie überhaupt, unter welchen Umständen dieser Hund leben mußte? Abgemagert bis auf die Knochen, verdreckt und ungepflegt, ohne Wasser bei dieser Hitze, in einer Hütte, die halb so groß war wie der Hund selbst. Und Sie sprachen von einem Zwinger! Das war ein Käfig, aber kein Zwinger! Weitab vom Haus und von den Menschen, die er notwendig braucht!« Immer lauter wurde meine Stimme, aber ich mußte das alles aus mir herausschreien: »Wissen Sie überhaupt von diesen Zuständen? Das ist ja eine Sauerei, ich werde mir noch überlegen, ob ich das nicht beim Tierschutzverein zur Anzeige bringen werde!«

In so einem Ton hatte bestimmt noch niemand mit der Sekretärin in dem ehrwürdigen Schloß gesprochen, das zeigte mir ihre verblüffte Miene. Zornig legte ich das Geld auf den Tisch, nahm die Papiere an mich, die schon bereitlagen, und fragte nach dem Verbleib des Jägers, damit ich ihn mir vorknöpfen könnte.

»Es tut mir leid«, piepste die Sekretärin völlig eingeschüchtert, »aber unser Jäger ist schon älter, und ich glaube, er ist mit dem Hund nicht mehr fertig geworden.« So etwas Ähnliches hatte ich mir wohl gedacht. Ich verabschiedete mich, und beim Hinausgehen wäre ich beinahe über den Pekinesen-*Wutzel* gestolpert, der unbemerkt neben meinen Füßen herumkugelte. Fast wäre mir darüber noch ein Fluch über die Lippen gerutscht, aber ich beherrschte mich und eilte zum Auto. Auf dem Beifahrersitz lagen Halsband und Führerleine bereit und natürlich eine Knackwurst. Bestimmt hatte der Hund von gestern auf heute noch kein Futter erhalten.

Beim Haus des Jägers angekommen, war ich schon sehr neugierig auf diesen Menschen. Nun stand er mir gegenüber, kleinwüchsig, hager, schmale Lippen, so dünn wie ein Strich, und die Augen kalt und ausdruckslos, ohne jedes Gefühl. Er musterte mich von oben bis unten und sagte: »Weidmannsheil! Sie sind also der, der dieses verdammte Luder von einem Deutschlanghaarigen Vorstehhund gekauft hat?«

»Ja«, stellte ich bestimmt fest, »mir gefällt der Hund. Warum muß er eigentlich weg?«

»Ich habe mir einen Dackel zugelegt«, gab der Jäger zur Antwort, »der Vorsteher war einfach zu schnell für mich. Ich habe ihn bei den Treibjagden zum Brackieren gebraucht.«

Ich zuckte zusammen, da lag also der Hase im Pfeffer. Jeder Jäger, der etwas von Hunden verstand, wußte, daß ein Vorstehhund, der einmal zum Brackieren verwendet wurde, versaut war. Das lernte man sogar bei den Vorbereitungskursen zur Jagdprüfung. Nun packte mich der Ehrgeiz, jetzt wollte ich erst recht den Hund mitnehmen, bevor dieser Schinder ihn erschießen konnte!

Mein Blick streifte einen Lederriemen, an dem ein

etwa 60 Zentimeter langer Holzpflock mit einem be-
achtlichen Durchmesser von rund 8 cm angebunden
war. Der Jäger, der meinen Blick verfolgte, erklärte daraufhin ohne jede Regung: »Den Riemen habe ich dem
Hund immer am Halsband festgebunden, und zwar so,
daß der Holzpflock quer vor den Vorderläufen hing. So
konnte er nur ganz kleine Schritte machen. Wollte er
laufen, schlug er sich die Vorderläufe an dem Pflock
wund!«

Ferner hingen da noch ein Stachelhalsband und eine
Peitsche. Mich schauderte bei diesem Anblick. Das waren ja Folterinstrumente wie aus dem tiefsten Mittelal-
ter! Ich hörte gar nicht mehr hin, was der Jäger mir noch
alles über den Hund erklärte. Vor meinem geistigen
Auge sah ich plötzlich, wie eine Hülle links und rechts
des Jägers wegbrach. So, als würde aus einem Ei ein Küken schlüpfen. Aber das war kein Küken, sondern ein
teuflisch grinsender Despot, ein Tyrann und Tierquäler.
In einer Hand hielt er die Peitsche, in der anderen den
Holzpflock, und mit satanischer Freude schlug er auf
den Hund ein.

»Hallo!« Der Ruf brachte mich in die Wirklichkeit zurück. Für Bruchteile von Sekunden hatte ich das wahre
Gesicht dieses Menschen gesehen, und ich war entsetzt.

»Los, kommen Sie«, sagte ich barsch, »ich möchte jetzt
den Hund haben!« Wir fuhren zum Zwinger. Ich sprach
kein Wort mehr, und der Jäger mußte wohl bemerkt haben, daß mir seine Art von Hundehaltung und Abrichtung zutiefst zuwider war. Beim Zwinger angekommen,
rief ich den Hund an, der sofort freudig bellend antwortete. Und es war so, wie ich es mir gedacht hatte, die Wasserschüssel war staubtrocken, und der Futternapf stand

noch genauso da wie gestern, mit dem gleichen alten Dreck. Demnach hatte der Hund also bis jetzt noch keinen Bissen bekommen. Der Jäger näherte sich dem Zwinger und versuchte die Tür zu öffnen. Aber es blieb beim Versuch, denn der Hund fletschte die Zähne und knurrte so fürchterlich, daß das Männchen erschrocken zurücksprang.

»Geben Sie mir den Schlüssel«, forderte ich ihn auf, »und dann ist es besser für Sie, wenn Sie von hier verschwinden! Den Schlüssel lasse ich stecken, Sie können ihn dann später holen.«

»Ich weiß nicht, was das Biest hat«, murrte der Jäger und hielt mir den Schlüssel entgegen. »Aber ich weiß es!« ich spürte wieder die Wut in mir hochkommen, »Sie sind ein Schinder! Machen Sie, daß Sie weiterkommen!«

Damit ließ ich ihn stehen, wandte mich dem Zwinger zu und sperrte auf. Der Hund hatte sich wieder beruhigt und hockte auf dem Hüttendach. An dieser Reaktion des Hundes dem Jäger gegenüber hatte ich bemerkt, wie sehr dieser ihn gepeinigt haben mußte. Der Hund hatte Selbstbewußtsein. Das gefiel mir ungemein. Die Leine mit dem Halsband in der Hand und die Knackwurst in der Hosentasche, so schlüpfte ich durch die Tür in den Zwinger und blieb stehen. Mit einem Satz war der Rüde bei mir, stellte sich auf die Hinterläufe und legte mir die Vorderläufe auf die Schultern. Und dann blickten wir einander ein paar Herzschläge lang in die Augen. Ich hatte mich nicht getäuscht, braun waren seine Augen, mit leicht gelblichem Stich. Unsere Blicke bohrten sich ineinander. In diesem Augenblick wurde die Rangordnung zwischen uns beiden festgelegt. Und als der Hund dann langsam an mir herunterrutschte und sich vor mir erließ, war zwischen uns beiden alles klar. Für die Zeit, die er mich auf meinem Jägerlebensweg begleiten sollte, war ich für ihn der Leitwolf.

Zwischen *Heck*, wie ich ihn nannte, und mir entwickelte sich in den nächsten Wochen ein inniges Verhältnis, ein Band, das man als Liebe bezeichnen mag. Ich kann es nicht beschreiben. Es war eine Art totaler Abhängigkeit des einen vom anderen, eine wunderbare Zeit, und Heck schien es mir jeden Tag zu danken, daß ich ihn aus diesem unwürdigen Gefängnis herausgeholt hatte. Wir wurden fast wie Zwillinge, ein Herz und eine Seele. Einer konnte ohne den anderen nicht mehr sein. Ich besuchte mit ihm die Hundeschule, machte mit ihm die erweiterte Feldjagdprüfung und errang auf Anhieb den zweiten Platz und eine silberne Ehrenmedaille der Kärntner Jägerschaft. Nur eine Untugend konnte ich Heck nicht abgewöhnen, das Rehpeitschen. Für die Zeit, die Heck und ich beisammen waren, gab ich ihm all das, wofür er eigentlich geschaffen war: Freiheit, Jagd und Familie, die ihm das Rudel ersetzte. Auf allen Treibjagden im Herbst, und später auch noch ein paarmal in Trögern, war er dabei. Das war also mein erster Jagdhund.

Wie ich nach Trögern kam

Durch den Wohnungswechsel nach Pörtschach brach die Verbindung zu meinen Jagdfreunden in Klagenfurt allmählich ab. Wir sahen einander kaum noch. Nur mit Roland telefonierte ich hie und da und natürlich mit meinem Lehrmeister Obid in Krumpendorf, den ich

jetzt dafür um so öfter besuchte. Irgendwie hatte ich
mich schon damit abgefunden, als Jäger ein Mauerblüm-
chendasein zu führen. Ein paar Treibjagden im Herbst,
und dann wieder ein Jahr nichts. Ein Sonntagsjäger also.

Das waren so die Gedanken, die mir durch den Kopf
gingen, als ich eines Tages im Mai nach Klagenfurt fuhr,
um für unseren Betrieb einzukaufen. Ich konnte nicht
ahnen, daß an diesem Tag St. Hubertus die Weichen für
mein weiteres jagerisches Wirken stellen würde.

Als ich auf dem Parkplatz vor dem Großmarkt aus
dem Auto stieg, fiel mir gleich ein langer schlaksiger

Bengel auf, der da allerhand Sachen in sein Auto packte. »Den kenne ich doch irgendwoher«, dachte ich mir, und gerade als ich an ihm vorbei wollte, drehte er sich um. Unsere Blicke trafen einander, und für etliche Sekunden starrten wir uns an. Der fragende Ausdruck im Gesicht des Mannes machte allmählich einem Lächeln Platz. Und plötzlich wußte ich, wo ich den *Langen* hintun mußte: es war ein ehemaliger Schulfreund aus Klagenfurt. Wir wohnten damals nur wenige Häuser voneinander entfernt, verbrachten fast alle Nachmittage miteinander und hatten hauptsächlich Blödeleien im Kopf. Nach der Schulzeit ging jeder seinen Weg, und wir hörten nichts mehr voneinander. Jetzt, nach 15 Jahren, mußten wir einander wieder begegnen! Lachend und mit ausgestreckten Armen kamen wir aufeinander zu. »Servus, Fredi«, sagte er und »Servus Jancek« erwiderte ich freudig.

»Mensch, wie geht es dir?« fragte er gleich darauf mit freudiger Miene. »Das ist aber lange her, seit wir uns das letzte Mal gesehen haben.«

»Ja«, erwiderte ich, »da hast du recht, was machen denn dein Bruder und deine Eltern?«

»Wir leben in Trögern bei Eisenkappel. Dort haben wir einen Forstbetrieb und einen Gasthof«, gibt er freudig Auskunft. Dann fiel sein Blick auf meinen Jagdrock, und er fragte verwundert: »Sag mal, gehst du auf die Jagd?«

»Ja«, gab ich stolz zu, »aber nur, wenn ich eine Einladung bekomme, hauptsächlich im Herbst bei den Treibjagden.«

»Mensch«, erwiderte er sogleich bestimmend, »dann komm doch einmal zu uns nach Trögern. Wir haben eine über 400 Hektar große Eigenjagd. Ich lade dich ein. Bei uns kannst du jagen, auf Reh- und Rotwild, auch Gams und Auerhahn haben wir. Besuch mich mal, dann reden wir darüber. Ich habe jetzt keine Zeit.« Wir verabschiedeten uns herzlich, und ich versprach, ihn bei der nächsten Gelegenheit zu besuchen.

In meinem Kopf drehte sich alles. Ich mußte mich glatt hinsetzen. Eine leere Kiste stand da gerade richtig; da hockte ich mich drauf. Nun konnte ich meine Gedanken etwas ordnen. »Mensch, mein Schulfreund hatte eine Eigenjagd, und er hat mich eingeladen, das war ja wunderbar! Oh Gott, ich danke dir, daß du mich gerade heute hast hierher geführt, heute und zu dieser Stunde!«

Rasch erhob ich mich wieder von der Kiste, erledigte noch meine Einkäufe und beeilte mich, nach Hause zu kommen. Daheim erzählte ich meiner Frau Elisabeth gleich, wen ich getroffen hatte und welche jagdlichen Möglichkeiten sich nun für mich ergaben. Mein Traum von einer Bergjagd schien langsam Wirklichkeit zu werden. Ich warf einen Blick auf den Terminkalender am Schreibtisch. »Ja, das müßte gehen«, sagte ich zu mir selbst. In ungefähr vierzehn Tagen wollte ich meinen Freund in Trögern besuchen.

Mein erster Ausflug nach Trögern

Eines Tages war es dann soweit; ich fuhr mit meinem Wagen nach Trögern, um meinen Freund zu besuchen. Ich war schon sehr neugierig auf dieses kleine Bergdorf, denn ich hatte vorher noch nie davon gehört. Die Fahrtstrecke ging über Klagenfurt nach Grafenstein, von dort weiter nach Galizien und nach etwa 20 Minuten erreichte ich den malerischen Ort Eisenkappel. Viele alte Häuser begrenzten die engen kleinen Gassen. Jetzt hieß es aufpassen, denn mitten in Eisenkappel mußte ich rechts Richtung Trögerner Klamm abbiegen. Ja, da war schon der Wegweiser! Ich befand mich also auf der richtigen Straße. Vorbei ging es an dem großen gräflichen Sägewerk, und nach einem Steinbruch erblickte ich schon die Ortschaft Ebriach. Jetzt mußte ich wieder aufpassen, denn, wie mein Freund mir die Strecke beschrieben hatte, mußte nun irgendwo eine Kreuzung kommen, wo es rechts in Richtung Schaida-Sattel und links über eine alte Holzbrücke nach Trögern ging. Nach links mußte ich mich also halten. Unter den Rädern meines Autos rumpelten die Holzbohlen der Brücke, daß es mir angst und bange wurde. Die Straße war jetzt schon sehr schmal und nicht mehr asphaltiert. Da kam ich zu einer großen Hinweistafel, die in alten verwitterten Buchstaben den letzten Parkplatz vor der Klamm ankündigte. Gleich darauf war ich da. Ich hielt an und stieg aus, um zu schauen: Ein imposantes Bild: Vor mir der schmale Eingang in die Klamm. Der Weg hatte gerade die Breite eines Autos, »entgegenkommen dürfte einem da keiner«, dachte ich bei mir. Linker Hand führte steiler Fels senkrecht hoch, mit mageren Grasbüscheln und dürren Bäumen bestockt, rechter Hand ging es kerzengerade in die Tiefe, wo Trögern und Roblekbach wild rauschend die Klamm durcheilten, um in den Ebriachbach zu münden. Langsam fuhr ich wieder los. Da gab es kein Schutzgeländer auf der kurvenreichen Schotterstraße. Sie führte mal über schwache Holzbrücken, die überall schadhaft waren, und dann wieder die Felswand entlang. Die ganze Zeit über klang mir das Geräusch des tosenden Wildbaches in den Ohren, der sich seinen Weg durch die Klamm bricht. Nach etwa 15 Minuten war ich durch die Klamm durch und entdeckte gleich darauf das Ortsschild Trögern und das Gasthaus *Franzl*. Sonst gab es hier kein einziges Haus, nur steilen, wenig bewachsenen Fels. Langsam fuhr ich weiter, denn erst die zweite, private Forststraße sollte mich einige Kilometer bergauf zum Ziel bringen.

Trögern

Dieser kleine Ort bestand nur aus vier Gehöften, dem Forsthaus Stefan, einer Kirche, einem kleinen, uralten Friedhof und dem schon erwähnten Gasthaus *Franzl* unten im Tal. Hier wurde der Fernsehfilm *Das Dorf an der Grenze* gedreht. Trögern liegt in der Karawankenlinie zwischen dem Loiblpaß und dem Seebergsattel auf 991 Meter Seehöhe. Es ist ein Hochtalkessel, der im Osten von der Pristovnik Alm (1427 Meter Seehöhe) und dem Kärntner Storschitz (1759 Meter) begrenzt wird. Im Westen geben die Koschuta (2059 Meter) und im Süden der Kärntner Grintoutz (1655 Meter) ein imposantes Bild. Nördlich schließt der Hochobir mit 2142 Metern diesen von der Umwelt fast vergessenen Bergkessel ab.

Ich stellte das Auto auf dem dafür vorgesehenen Parkplatz ab und stieg aus. Hier also war mein Freund Jancek zu Hause. Das war ja ein stattliches Anwesen. Da gab es den großen urigen Berggasthof, eine Kirche mit Friedhof, ein großes Stallgebäude, ein kleines Wohnhaus und ein kleines Sägewerk. Von hier aus hatte ich einen herrlichen Blick über den ganzen Trögerner Kessel. Rundum lagen saftige Wiesen, und vor dem Gasthaus stand ein riesiger Laubbaum mit einer zum Verweilen einladenden Bank rund um den Stamm. Nur einen Steinwurf weit entfernt entdeckte ich auch den alten Bildstock, der im Buch *Kärntner Bildstöcke* von Hans Samitz abgebildet ist. Dieser Bildstock sollte noch viele Jahre Anziehungspunkt meiner Pirschgänge werden, wenn ich mich für kurze Zeit im stillen Gebet für all diese herrlichen Erlebnisse bedankte.

Aber da eilte auch schon mein Freund auf mich zu. Nach einer herzlichen Begrüßung führte er mich in die Gaststube, um mich seinen Eltern vorzustellen. Das

Gasthaus wurde im Sommer über von der Mutter meines Freundes betreut, auch etliche Sommergäste gab es, der Vater kümmerte sich um den Forst. Der Bruder meines Freundes, Anton, arbeitete im Ausland, meistens in Italien. Bei einer duftenden Tasse Kaffee teilte mir Jancek gleich mit, daß wir zur Jagdhütte hinauf fahren wollten, um das Revier zu besichtigen. Es war August und sehr warm. Ich stieg zu meinem Freund in seinen VW-Käfer, und dann ging es auch schon los. Wir fuhren langsam eine holprige Forststraße bergauf, nach ungefähr 10 Minuten hielt er kurz an und erklärte mir die östliche Jagdgrenze. Von hier aus konnte ich sogar die Steiner Alpen in Jugoslawien erkennen, und wieder dieser herrliche Blick über den Talkessel! Enzian blühte in den Schlägen. Jancek trottete mit mir einen alten Stichweg hinein und erklärte: »Der Graben hier mit dem Wasser ist die Jagdgrenze, sie zieht sich vertikal durch das ganze Revier!«

Nun, das war nicht schwer zu behalten. Beim Rückweg zum Auto entdeckte ich einen Schlag ganz in der Nähe der Jagdgrenze. Mein Freund deutete meinen überrascht freudigen Blick sofort richtig. »Ja«, sagte er, »das ist der sogenannte *Hirschboden*, ein jagdlich hervorragender Platz.«

Wir gingen zurück zum Auto und fuhren weiter. Es war wildromantisch. Nach weiteren 10 Minuten kamen wir dann zur kleinen Jagdhütte auf der Pristovnik Alm. »Jetzt sind wir etwa 1400 Meter hoch«, sagte Jancek.

Die Hütte stand wunderbar angepaßt an die Umgebung am Waldrand. Davor befand sich eine große Almwiese mit einem idyllischen Bächlein und einem kleinen Tümpel. Die Bergwiese duftete herrlich, und in den riesigen Fichtenwipfeln rauschte der Wind. Vor der Hütte war eine große Holzveranda mit einer gemütlichen Bank und einem Tisch. Dort nahmen wir erst einmal Platz.

»So«, sagte Jancek zu mir, »jetzt paß einmal auf: Der Berg vor dir ist der Storschitz, auf seinem Grat ist die Jagdgrenze. Das ist unser Gamsrevier. Und hier weiter südlich — siehst du die hohe Lärche? —, dort in diesem Sattel, das ist die Staatsgrenze nach Jugoslawien. Sie ist mit rot-weiß-roten Pflöcken markiert. Hier mußt du sehr aufpassen. Die Jugoslawen haben dort oben einen Stützpunkt, und die Grenze wird schwer bewacht. Von der Jagdhütte bis zur Grenze sind es etwa 300 Meter. Wir fahren dann noch hinauf, damit du das kennenlernst. Was hast du denn?« fragte er im gleichen Atemzug lachend. Ich saß nämlich da und hatte Augen und Mund offen.

»Mensch«, strahlte ich, »ich kann das alles gar nicht fassen. Das ist ja ein Traum. Diese unberührte Natur!«

»Ja«, antwortete Jancek stolz, »wir haben hier bis auf Holzbringungsarbeiten keine Störungen im Revier. Im Sommer müssen wir auf unsere Jäger unter den Sommergästen Rücksicht nehmen, die hierher zur Jagd kommen. Aber das sind nicht sehr viele. Und im Herbst sind wir wieder allein, dann gehört das ganze Revier wieder uns.«

»Das ist ja nicht schlimm«, wandte ich ein, »im Sommer habe ich aus beruflichen Gründen ohnedies kaum Zeit, und einen Rehbock kann ich auch noch im Oktober schießen. Die große Jagd beginnt ja eigentlich erst im Herbst, wenn Hirsch und Gamsbrunft ist.«

»Na, dann ist ja alles klar«, freute sich Jancek, »du kannst hier bei mir jagen, solange und wann du willst. Komm, jetzt zeige ich dir die Hütte.«

Sie bestand aus einem kleinen Vorraum, der
diente und einem großen Wohn-Schlafraum. ‎
waren mit Holz verkleidet, und ein großer offen‎
min, der allerdings schlecht funktionierte, rundete ‎
heimelige Bild ab. An den Wänden hingen Felle und ein
altes Jagdgewehr. In der Mitte des Raumes stand der große, schwere Holztisch mit etlichen Stühlen. Als einzige
Lichtspender dienten zwei Petroleumlampen an den
Wänden und eine große Kerze in der Mitte des Tisches.
Die Hütte strahlte eine Urgemütlichkeit aus. Wir tranken ein Bier, das Jancek aus dem Keller hervorholte. Als
Keller diente ein Loch unter dem Küchenboden, welches
mit einer Art Falltüre geschickt in den Bretterboden in-
tegriert war. Dieses Loch, wie ich es später nannte, war
immer wohl gefüllt mit Bier und Wein. Auch ein paar
Flaschen Schnaps waren immer vorrätig. Vom Fenster
aus hatte man direkte Aussicht auf die große Almwiese
vor der Hütte. Ich konnte meiner Begeisterung kaum
Ausdruck verleihen, das war genau das Jagdgebiet, das
ich mir in meinen Träumen vom eigenen Revier vorgestellt hatte. Ein herrliches Gefühl überkam mich.

Nachdem wir alles besichtigt hatten, fuhren wir wieder zurück zum Anwesen der Eltern. »So, jetzt hast du
das Revier kennengelernt«, sagte Jancek, als wir bei der
Einfahrt zum Haus einbogen, »du kannst kommen und
gehen, wann immer du willst, und du bekommst von mir
auch einen Jagderlaubnisschein und kannst auf alles, was
im Rahmen des Abschußplanes frei ist, weidwerken.«

Noch sichtlich überwältigt von den vielen Eindrücken
bedankte ich mich ganz herzlich bei meinem Freund
und versprach, so bald wie möglich wiederzukommen.
Dann fuhr ich frohen Mutes wieder den langen Weg

nach Hause zurück, wo ich erst gegen Mitternacht eintraf.

Zweimal noch führte mich mein Weg in den nächsten Wochen nach Trögern, hauptsächlich, um mir die Jagdgrenzen genau einzuprägen. Und das klappte auch ganz gut. Ich stieg hinauf zu den Gamsen, hinein in tiefe Gräben, verweilte an rauschenden Bergbächen und bewunderte die — obwohl schon spät im Jahr — reiche Blumenpracht dieser Gegend. Ganz besonders freute mich der Anblick des pannonischen Enzians. Ich lernte noch einige Jäger kennen, die ebenfalls im Revier meines Freundes zur Jagd gingen. Mit einigen verbindet mich noch heute eine herzliche Freundschaft. Diese Burschen kamen jedoch meistens nur für eine Abend- oder Morgenpirsch auf die Hütte und fuhren dann wieder weg. Von diversen Arbeiten im Revier hielten sie nicht sehr viel. Zum Beispiel vermißte ich die Salzlecken und Hochsitze. Das wollte ich ändern; denn das Jagen vom Boden aus war sehr schwierig. Als ich meinen Freund Jancek auf dieses Manko hin einmal ansprach, gab er mir sofort freie Hand für den Bau notwendiger Hochsitze, was mich sehr freute.

In der ersten Zeit glaubte ich, daß ich die Rehe und Hirsche nur so daherschießen würde. Es ist allerdings beim Glauben allein geblieben. Unzählige Pirschgänge blieben ohne Anblick, aber dafür kannte ich nun die Jagdgrenzen ganz genau. Auf diese Art des Jagens mußte ich mich also erst einstellen. Vom Treibjagdjäger und Gastschützen, der bisher bei Einladungen auf Reh oder Rotwild immer von einem erfahrenen Pirschführer begleitet wurde, zum selbständigen und vor allem selbstverantwortlichen Jäger war ein weiter Weg. Ich mußte lernen, die Fährten von Rot- und Rehwild zu lesen, den Wind zu beachten, die Spuren von Hund und Fuchs, von Marder und Dachs auseinanderzuhalten. Ich lernte den Ruf des Kolkraben kennen, lauschte auf das heisere Bellen des Fuchses in kalten Winternächten, hörte den klatschenden Schwingenschlag des abreitenden Auerhahnes und das zarte Spießen des Haselhahnes. Fasziniert beobachtete ich Feuersalamander auf der regennassen Forststraße, und in tiefen Spurrillen, die vor vielen Jahren ein Traktor in den weichen Waldboden gedrückt hatte und die jetzt voller Wasser standen, entdeckte ich zum ersten Mal einen Froschlaich. Bei jedem Besuch in diesem Revier zeigte mir die Natur neue Schönheiten. Und so begann sich in mir etwas zu verändern. Ich spürte etwas, wollte es aber noch nicht wahrhaben: Ein Bergrevier begann einen jungen Jäger zu formen. Zu den Treibjagden im Herbst gesellte ich mich immer seltener. Verständlicherweise, denn mich lockte der Berg — und Trögern. Mein Vorstehhund Heck begleitete mich jedesmal treu ins Revier, und jede freie Minute arbeitete ich auch mit ihm. Der Fleiß sollte sich lohnen.

Die Hundeprüfung

Eines Tages läutete das Telefon und es meldete sich der Züchter meines Hundes Heck. Im ersten Augenblick war ich sehr erstaunt und fragte, wie er mich denn ausgekundschaftet hätte. »Das war ganz einfach«, erklärte mir der Anrufer, »ich bin auf der Suche nach einem Deckrüden für meine Hündin, und so habe ich den Vorbesitzer nach dem Verbleib des Rüden gefragt und der hat mir Ihren Namen genannt.«

»Ja«, sagte ich, »das ist richtig, ich habe den Hund mehr aus Erbarmen genommen, denn er sollte erschossen werden, weil er für den Besitzer keinen Nutzen mehr brachte.«

»Sehen Sie, ich bin froh, daß der Hund in Ihre Hände gekommen ist«, antwortete der Anrufer, »ich möchte meine Hündin gern weiterzüchten, und dafür brauche ich einen guten Rüden. Ich weiß, daß Ihr Rüde ein Spitzenhund ist. Haben Sie mit ihm schon eine Prüfung abgelegt?« »Nein«, erwiderte ich, »aber ich arbeite mit ihm schon lange, und wenn es die Möglichkeit gäbe, in Kärnten zu einer Prüfung anzutreten, würde ich es gern tun.« — »Das trifft sich gut«, freute sich der Züchter, »meine Hündin muß auch noch eine Prüfung ablegen, denn ohne Prüfung kann ich nicht züchten! Ich habe zufällig in Erfahrung gebracht, daß im Herbst in Feldkirchen eine Prüfung für Vorstehhunde anberaumt ist.«

»Was wird denn da alles verlangt?« fragte ich neugierig.

»Das ist eine erweiterte Suchen-Prüfung«, begann der Züchter am Telefon zu erklären, »der Hund muß sich ablegen lassen, es wird Leinenführigkeit und Gehorsam geprüft, Freiverlorensuche, Schleppenarbeit und das Bringen eines Hasen sowie Wasserarbeit. Wir könnten uns ja zusammentun und miteinander üben. Sie werden sehen, das schaffen wir leicht. Ich wohne außerhalb von Klagenfurt, auf einem Bauernhof. Hier hätten wir alle Möglichkeiten, um mit den Hunden zu trainieren.«

»Prima«, stimmte ich ein, »wie haben Sie sich das Arbeiten vorgestellt? — »Nach Möglichkeit zweimal in der Woche, aber einmal mindestens«, hakte der Züchter ein,

»wir könnten die Hunde richtig trainieren und das gesamte Prüfungsprogramm ein paarmal durchgehen.«

Dieser Vorschlag interessierte mich sehr, und ich ließ mir sofort die Adresse des Anrufers geben. Schon eine Woche später lernten wir einander persönlich kennen.

Ich stand einem sehr netten und — wie sich herausstellte — vor allem erfahrenen Hundeführer gegenüber. Das hielt ich für sehr wichtig, denn ich war ja noch ziemlich jung und hatte noch wenig Erfahrung mit meinem ersten Jagdhund. Natürlich war ich sehr begierig, soviel wie möglich über die Hundeführung und Abrichtung zu lernen. Als erstes ließen wir die beiden Hunde auf der großen Wiese hinter dem Hof einmal so richtig laufen. Sie sollten sich austoben.

»Das ist notwendig«, erklärte mir der Besitzer des anderen Hundes, »denn der Hund kann sich dabei lösen und ist bei der Arbeit dann viel ruhiger.« Daraufhin begannen wir mit der Leinenführigkeit. Der Hund mußte links gehen und seine Nasenspitze sollte mit dem linken Knie des Führers eine Linie bilden. Mein Zughalsband leistete mir dabei große Hilfe und schon nach kurzer Zeit hatte ich Heck so weit, daß er recht sauber bei Fuß ging. Die Begriffe *Sitz* und *Platz* kannte er ja schon. Das war ein großer Vorteil, denn bei der Ablegeprüfung würde er entweder frei oder bei einem Gegenstand von mir mindestens zehn Minuten liegenbleiben müssen. Da ich im Revier immer mit einem Rucksack unterwegs war, legte ich meinem Hund daher bei den Ablegeübungen das bekannte Stück hin. Das klappte bald sehr gut, ich mußte nur noch aufpassen, daß er auch die verlangten 10 Minuten liegen blieb. Ich versteckte mich hinter einem Gebüsch, der Hund mußte ja allein bleiben.

Nachdem wir das gut eingeübt hatten, gingen wir einen Lernschritt weiter.

»Jetzt wird es kritisch«, sagte der Züchter zu mir, »du mußt vom Hund weggehen, dich verstecken und aus der Flinte einen Schuß abgeben. Aber der Hund darf, wenn er den Schuß hört, nicht zu dir kommen, er darf höchstens von der Platzstellung in die Sitzstellung gehen!«

»Das schafft er nie!« winkte ich zweifelnd ab.

»Das muß er aber«, ließ der Züchter nicht locker, »du mußt das immer wieder üben.«

»In Ordnung«, rief ich, »probieren wir es gleich einmal.«

Und es kam genauso, wie ich es mir gedacht hatte. Der Schuß war kaum aus dem Lauf, da saß mein Hund auch schon bei mir. Ich schimpfte ihn gehörig und führte ihn zurück zum Rucksack, wo ich ihn wieder ablegte. Dabei leinte ich den Hund an und verknotete die Leine so eng an einer Wurzel, daß er aus der Platzstellung nicht mehr hoch konnte. Der Züchter bewährte sich als guter Helfer. Er stand mit einer Rute neben dem Hund, und immer, wenn ich einen Schuß abgab und Heck aufspringen wollte, bekam er die Rute und wurde ausgeschimpft. Das übten wir einige Tage. In weiterer Folge trainierten wir noch Apportierübungen und Schleppen, aber nie zu lange, damit die Hunde nicht überdrüssig wurden. Die guten Fortschritte, die Heck machte, erfreuten und ermutigten mich immer mehr. Auch ich lernte einiges vom Hundezüchter, denn dieser entpuppte sich als ausgefuchster Hundeführer, der eine Menge Tricks auf Lager hatte. Die Hunde merkten dabei gar nicht, wie sie spielerisch lernten.

Die Zeit verging rasch; Heck war schon wunderbar in

Form, ließ sich gut ablegen, apportierte leidenschaftlich gern, vor allem Hasen, und arbeitete hervorragend im tiefen Wasser. Und was das wichtigste war an dieser Sache, er liebte mich über alles und ich ihn natürlich auch.

Ende September war es dann soweit, der Tag der Prüfung kam. Um acht Uhr früh machte ich mich mit Heck auf zum vereinbarten Treffpunkt in der Nähe von St. Urban. Zwölf Hunde waren gemeldet. Ich stellte mich bei den Richtern vor, und dann begann auch schon die Arbeit. Als erstes mußte mein Hund ein großes Rübenfeld absuchen und darin eventuell verstecktem Wild vorstehen. Da brauchte ich keine Sorge zu haben, das beherrschte Heck ganz ausgezeichnet. Er suchte das Feld schnell und weiträumig ab, um dann plötzlich in der für Vorstehhunde typischen Stellung stehenzubleiben, eine Pfote angewinkelt, zur Säule erstarrt. Da gab es keine Frage, Heck stand bombenfest irgendeinem Wild vor. Langsam, ganz langsam zog er nach, um nach ein paar Schritten wieder vorzustehen. Das wiederholte sich ein paarmal. Jetzt mußte er ganz nahe beim Wild sein, denn seine Rutenspitze begann zu zittern. Ich befand mich etwa zehn Meter hinter dem Hund, neben mir stand der Richter.

»Lassen Sie den Hund jetzt einspringen«, deutete er mir.

»Faß, Heck!« rief ich, und der Hund sprang mit einem Satz vor, um gleich darauf eine Fasanhenne aus dem Lager zu stoßen, die dann laut gackernd abstrich.

»Sehr gut«, lobte der Richter, »das war eine Bilderbucharbeit.«

Bei der Ablageprüfung hatte ich Pech. Nach dem Schuß erhob sich der Hund, aber er blieb wenigstens sitzen. Na ja, einen kleinen Punkteabzug gab es dafür. Was soll's, ich war jung und aufgeschlossen und nahm das alles nicht so tragisch. Ich vertraute einfach meinem Hund, deshalb brauchte ich auch nicht nervös zu sein. Die Ruhe, die ich in mir hatte, übertrug sich auf meinen Hund. Das war ein großer Vorteil. Die Leinenführigkeit und der Gehorsam waren rasch abgeprüft, und dann wechselten wir über zum *Freiverlorensuchen*.

Zu diesem Zweck wurde von einem vom Richter zugeteilten Helfer ein am vorherigen Tag erlegter Fasan in ein Dickicht geworfen. Sodann wurde ich mit meinem artig bei Fuß gehenden Hund zum Richter gerufen, der mir erklärte, was zu tun sei.

»Da drin irgendwo liegt ein Fasan«, deutete der Richter und zeigte dabei auf einen wahren Dschungel von Jungwald, Hasel- und Brombeerstauden. »Du meine Güte«, seufzte ich. Aber der Richter wandte gleich ein: »Sie müssen sich vorstellen, daß bei einer Treibjagd da und dort ein Hase oder Fasan beschossen wird. Da er nicht gleich liegenbleibt oder herunterfällt, denkt sich der Schütze vielleicht, er habe gefehlt. In Wirklichkeit aber ist das Wild gerade noch von einem Schrotkorn getroffen worden und verendet irgendwo. Deshalb wird am Tag nach einer Treibjagd meistens noch einmal mit ein oder zwei guten Hunden nachgesucht, um auf diese Weise zu Tode gekommenes Wild zu finden und einer sinnvollen Verwertung zuzuführen. Dafür ist diese Übung gedacht. Haben Sie mich verstanden?«

»Ja«, sagte ich.

»Gut, dann schicken Sie ihren Hund los!«

Ich nahm Heck also die Halsung ab und gab ihm den Befehl: »Such verloren und bring!« Der Hund sauste los.

Ich hatte gar keine Bedenken, daß er es nicht schaffen könnte, denn ich hatte es ja oft und oft mit ihm geübt. Und schließlich verfügte er ja auch noch über eine sehr gute Erbmasse von seinen Eltern her, und was ich vielleicht nicht geübt hatte, machte er durch sein angewölftes Erbgut wieder wett. So dauerte es auch gar nicht lange, bis Heck diesen Dschungel abgesucht und den Fasan gefunden hatte. Ich hörte ihn schon. Es raschelte und knackte im Unterholz. Da tauchte er auch schon auf. Ja, er hatte den Hahn im Fang und kam mit riesigen Sätzen auf mich zugesprungen. Wie gelernt setzte er sich artig vor mich hin und gab den Fasan auf mein Kommando *aus* sauber ab. Das mußte wenigstens ein *sehr gut* geben, dachte ich stolz bei mir.

Nach dem *Stöbern im Schilf hinter der Ente* und *Bringen aus tiefem Wasser,* das Heck ebenfalls tadellos ausführte, machten wir eine Pause, damit sich die Hunde erholen konnten.

Dann ging es zur letzten Prüfung, der Hasenschleppe. Ein am Vortag erlegter Hase wurde an einer Schnur etwa 100 Meter durch lichtes Unterholz, über einen Forstweg und wieder in den Wald gezogen. Die Schleppe war so gelegt, daß der Hund mit Nackenwind suchen mußte. Er war also gezwungen, mit tiefer Nase zu suchen. Nachdem Heck sehr gerne apportierte, hatte ich keine Bedenken, daß er es nicht schaffen würde. Es gab nur eine Gefahr, daß ihm nämlich unterwegs zum Hasen ein Reh in die Quere kam. Das wäre Pech, denn Heck war ein leidenschaftlicher Rehpeitscher. Schuld daran hatte allerdings sein Vorbesitzer, und dieses Verhalten konnte ich Heck einfach nicht mehr abgewöhnen. Aber wir hatten Glück. Schon nach kurzer Zeit kam er mit dem Hasen im Fang zurück, setzte sich vor mich hin und ließ, oh Schreck, den Hasen fallen, noch ehe ich das Kommando *aus* geben konnte. Das kostete natürlich wieder Abzüge bei der Punktebewertung.

»Da kann man halt nichts machen«, tröstete ich mich selbst. »Heck ist nicht programmierbar wie ein Computer, Gott sei Dank, sondern er ist ein Lebewesen, vom Schöpfer ausgestattet mit Stärken und Schwächen, wie wir Menschen auch.«

Ich lobte Heck trotzdem, als hätte er alles richtig gemacht und liebelte ihn an. Und er bedankte sich, indem er stürmisch an mir hochsprang und mich ableckte. Ich spürte förmlich, daß das Band der Liebe, welches uns zusammenfügte, enger war als je zuvor. Ja, und dann war ich doch noch sehr überrascht, denn bei der Preisverteilung erreichte Heck einen zweiten Platz. Stolz hielt ich die schmucke Urkunde und eine silberne Medaille mit eingestanztem *Gamsbock,* dem Wappentier der Kärntner Jägerschaft, in der Hand. Sowohl ich als auch der Züchter waren überglücklich, denn er hatte nun einen geprüften Deckrüden. Einige Monate später war Heck Vater. Wunderschöne Junge wurden geworfen, die ausnahmslos an große Jagdreviere abgegeben wurden.

Die Zeit mit Heck dauerte leider nur zwei Jahre. Nachdem er sehr gerne *strawanzen* ging, mußte es so kommen, daß er eines Tages von so einem Ausflug nicht mehr zurückkehrte. Alles Suchen war vergebens. Heck blieb verschwunden, und bis heute weiß ich nicht, ob er überfahren, gestohlen oder gar im nahen Wald auf dem Weg zu einer läufigen Hündin als *Wilderer* erschossen wurde. Es herrschte große Trauer bei uns im Haus, und vor allem unser kleiner Sohn Martin litt sehr darunter.

Denn für ihn war Heck ein toller Spielgefährte gewesen, der im Winter den Schlitten zog und mit dem man im Sommer herrlich im See baden konnte. Ja, das war Heck, mein erster Jagdhund.

Mein erster Fuchs in Trögern

Es war Anfang Dezember, als ich mit Heck einen Jagdausflug nach Trögern unternahm. Föhnig war es und für diese Jahreszeit ungewöhnlich warm. Das Auto mußte ich schon bald nahe dem Haus meines Freundes stehenlassen, denn hier lag zu viel nasser und patziger Schnee. Ich packte meinen Rucksack auf die Schultern, hängte Fernglas und Büchse um und stapfte mit meinem Hund auf der tief verschneiten Forststraße der Jagdhütte zu. Schon nach den ersten 100 Metern kam ich mächtig ins Schwitzen und mußte meinen Rock ausziehen. Langsam schlenderte ich weiter. Dieses verschneite Jagdrevier war ein herrlicher Anblick. Überall sah man frische Fährten im Schnee. Die jungen Bäumchen trugen schwer an der Last des Schnees, und ihre Spitzen berührten manchmal sogar den Boden. Fast schien es, als wollten sie sich verneigen vor dem Jäger, der hier so bedächtig durch das Revier pirschte. Doch welch eine Vermessenheit zu glauben, die Natur würde sich vor einem Menschen verneigen! Eine wundervolle Ruhe herrschte hier. Die Strahlen der Mittagssonne zauberten leuchtende, blaue Kristalle auf die Schneedecke. Am Rande eines Schlages entdeckte ich ein paar Rehe, die zufrieden an den Brombeersträuchern naschten. Sie bemerkten mich gar nicht, denn ich stand hoch über ihnen auf der verschneiten Forststraße, und im Schnee konnte ich mich fast geräuschlos fortbewegen. Ein Tannenhäher hatte mich erspäht und flog laut *ratschend* davon. Wieder mußte ich stehenbleiben und eine Verschnaufpause einlegen. Über mir im Blau des Himmels ließ sich ein Kolkrabe vom Föhnwind hinauftragen, immer höher, fast mühelos, wie es schien, ohne einen Flügelschlag, nur ab und zu ein tiefes *krok-krok-krok* rufend.

Jetzt befand ich mich etwa 100 Meter unter der Jagdhütte und legte wieder eine Pause ein. Hier hieß es aufpassen, denn auf dem Almboden vor der Jagdhütte stand gerne Wild. Die Ränder des Bächleins und des kleinen Tümpels vor der Jagdhütte waren fast immer schneefrei und boten somit gute Äsungsmöglichkeiten für Reh und Rotwild. Um einigermaßen unbemerkt zur Hütte zu gelangen, beschloß ich, die Forststraße zu verlassen und mich von hinten an die Jagdhütte anzupirschen. Das war aber gar nicht so leicht, denn es ging sehr steil hinauf. Dafür konnte mich eventuell vor der Hütte am Almboden stehendes Wild nicht in den Wind bekommen. Schnaufend erreichte ich die Rückseite der Hütte.

Ich wartete einige Zeit, um wieder ruhig atmen zu können, dann schlich ich leise und ganz langsam vor zur Ecke der Jagdhütte. Ich kniete nieder und lugte vorsichtig um die Ecke auf den Almboden. Nichts war zu sehen. Nachdem ich schon aufstehen und um die Hütte herumgehen wollte, bemerkte ich plötzlich einen roten Fleck etwas weiter vorn. Ich zuckte zusammen, und das Herz schlug mir bis zum Hals. Vorsichtig nahm ich das Fernglas, lugte zu dem kleinen Hügel links der Hütte und versuchte, den roten Fleck ins Glas zu rücken. Da hockte doch wirklich ein Fuchs und ließ sich die warme Sonne auf seinen roten Balg scheinen!

Den will ich unbedingt haben! war mein erster Gedanke, und vorsichtig zog ich meinen Kopf wieder zurück.

Schnell nahm ich meine Bockbüchse mit der kleinen Magnum-Patrone vom Kaliber 5,6 x 50, rückte den Rotrock ins Fadenkreuz, und im Knall des Schusses sank der

rote Raubritter in sich zusammen und kollerte den kleinen Hügel herunter auf den Almboden. Heck zitterte vor Aufregung, und ich stieß einen Jauchzer aus: »Mein erstes Weidmannsheil in Trögern!« Und noch dazu ganz allein, ohne Pirschführer. Ich griff nach meinem Rucksack und stapfte um die Hütte herum, um meine Sachen vor die Tür hinzulegen. Plötzlich begann Heck zu bellen. Ich blickte auf, und vor Schreck hielt ich den Atem an. Der Fuchs, der keine 50 Meter von der Jagdhütte entfernt gerade noch auf dem Almboden gelegen hatte, war wieder hoch geworden und schnürte den Hügel hinauf, den er vorhin heruntergekollert war. Und es schien mir, als würde er immer schneller, bis er im Porzen verschwand. Blitzgeschwind sprang ich zu Heck, streifte ihm die Halsung ab und rief aufgeregt: »Such verloren und bring! — Faß ihn, Hecki!« Heck sprintete los und war Sekunden später dorthin verschwunden, wo der Fuchs vor ihm hineingeschnürt war.

»Gott sei Dank«, seufzte ich, »die Spur hat er!« Dann ging ich vor bis zum Anschuß. Da war jede Menge Schweiß. Meine Laune wurde gleich wieder besser. Heck hatte also gute Chancen, den Fuchs zu erwischen. Und genauso war es auch. Nach circa 20 Minuten zermürbenden Wartens tauchte der kräftige Rüde zwischen den Fichtenbüscheln auf. Ja, und er hatte den Fuchs im Fang, legte ihn für kurze Zeit ab, packte ihn wieder und trabte auf mich zu.

»Braver Hund«, rief ich ihm entgegen, und gleich darauf warf er mir den Fuchs vor die Füße, so als ob er mir sagen wollte, »da hast du ihn, du Stümper.«

Mein Lob für den Hund war natürlich überschwenglich, ich lockte ihn mit zum Bach und wusch ihm den Fang gründlich ab. Dann besah ich mir den Fuchs. Das war ein absolut tödlicher Schuß gewesen. Daß der Fuchs trotzdem noch einmal auf die Läufe kam, lag daran, daß der schmächtige Körper der rasanten Patrone zu wenig Widerstand bot und diese sich daher nicht richtig zerlegen konnte. Nun war ich neugierig, wie weit sich der Fuchs noch davongeschleppt hatte, und so streifte ich dem Hund die Schweißhalsung wieder über und ließ ihn am langen Riemen die Fuchsspur noch einmal ausarbeiten. Dabei hatte ich Glück, ungefähr 50 Meter vor der Staatsgrenze mußte er verendet sein, das konnte ich im Schnee sehr deutlich erkennen, da die letzten Meter nur

70

mehr eine einzige rote Spur zeichneten. Vermutlich hatte der Fuchs seinen Bau in den felsigen Hängen auf jugoslawischem Staatsgebiet. Nun war ich erst recht stolz auf meinen Heck, denn ohne ihn hätte ich den Fuchs nie gefunden. Mir wurde das erste Mal so richtig bewußt, daß hier oben eine Jagd ohne Hund einfach unmöglich wäre.

Die Knickerscheide

Es war ein strahlender Herbstsonntag, an dem ich mit meiner Familie einen Ausflug auf die Hochrindl unternahm, auch Heck war dabei. Wir wanderten stundenlang über die weichen Almböden. Die Gesteinsformation in dieser Gegend ist Urgestein, und die grünen Grasmatten der Almen reichen bis auf die Grate hinauf. Hier oben hat man eine herrliche Sicht in die Welt der Nocke. Heck tollte mit unserem Sohn Martin um die Wette. Für die Mittagsrast suchten wir uns ein gemütliches Plätzchen. Dort verzehrten wir dann, hungrig wie wir waren, unsere Jause. Neben mir auf dem Boden entdeckte ich ein größeres Rindenstück, das sich hervorragend zum Schnitzen eines Bootes eignete. Ich holte mein Knickermesser hervor und begann mit der Arbeit. Die Rast war natürlich viel zu kurz, und weil ich das Boot fertigbringen wollte, schnitzte ich einfach während des Rückweges weiter. Ein kleines Stäbchen wurde als Mast eingesetzt, und aus dem übriggebliebenen Jausenpapier schnitt ich ein Segel aus. Fertig war das kleine Schiffchen! Nun mußten wir nur noch Ausschau nach Wasser halten; und siehe da, ein kleiner Bach ließ nicht lange auf sich warten, so daß Martin das kleine Kunstwerk schwimmen lassen konnte. Ich wollte nun auch mein Messer wieder verstauen, aber die lederne Scheide ließ sich nirgends finden, weder in der Hosentasche noch im Rucksack. Da kam mir der Gedanke, daß ich sie vielleicht oben beim Jausen liegengelassen oder unterwegs verloren hatte.

»Die finden wir bestimmt nie mehr, schade!« murmelte ich.

»Aber vielleicht könnte der Hund den ledernen Messerschutz finden«, meinte meine Frau und zeigte auf Heck, der um Martin und sein Boot herumschwänzelte.

»Das glaube ich nicht«, entgegnete ich ihr, »aber probieren können wir es.« Ich rief Heck zu mir, gab ihm mein Messer zum Beschnuppern und schickte ihn dann auf meiner Fährte mit dem Befehl »Such verloren!« zurück. Wir hielten einstweilen Rast und freuten uns, daß Martin sich mit dem Boot eifrig beschäftigte. Nach ungefähr einer halben Stunde kam Heck wieder angehetzt. Ich stieß einen Freudenschrei aus, denn er hatte tatsächlich die Lederhülle im Fang. Wir staunten nicht schlecht über diese Leistung, in meinen Augen grenzte sie schon an ein Wunder. Da hatte mir der heilige Hubertus einen vierbeinigen Jagdgehilfen zur Seite gestellt, der besser war als ich es jemals sein würde. Meine Fehler, und die schienen nicht wenige, machte er wieder gut, dazu brauchte es nicht vieler Worte. Heck wußte oft schon im voraus, was ich wollte und was er zu tun hatte.

Wie bereits erwähnt, war es mir leider nur kurze Zeit vergönnt, mit Heck zu jagen. Als er eines Tages von einem seiner Ausflüge nicht mehr nach Hause kam und alles Suchen vergeblich war, mußten wir uns — schon auf

72

Drängen unseres Sohnes hin — wieder einen Hund anschaffen. Bei einer unserer Suchgänge nach Heck kamen wir auch an einem Garten vorbei, in dem ein junger Rauhhaardackel herumtollte. So einen kleinen Dackel hatte sich Martin in den Kopf gesetzt. Da blieb mir nichts anderes übrig, als eine Rauhhaardackelhündin zu kaufen. Wir nannten sie *Dorli.* Zu meiner Frau habe ich allerdings oft gesagt, daß ich einen Hund wie den Heck wohl nie wieder bekommen würde. Und ich sollte recht behalten, für viele, viele Jahre.

Der Rehbock vom Finanzerschlag

Im Jagdrevier Trögern hatte ich mich schon recht gut eingelebt und vor allem sehr viel dazugelernt. Da es im Revier ja nur einen Hochsitz gab, der nur unter akrobatischen Verrenkungen zu besteigen war, mußte ich mich also zwangsläufig auf das Pirschen beschränken. Das hatte wiederum den Vorteil, daß ich weit im Revier herumkam und dabei auch sehr viel Wild im Anblick hatte. Durch meine Streifzüge trat ich aber gleichzeitig auch sehr viel Wild ab, ohne daß ich es überhaupt zu Gesicht bekam.

Bei einem dieser Pirschgänge führte mich mein Weg einmal am sogenannten *Finanzerschlag* vorbei. Dieser wurde deshalb so genannt, weil am Fuße des Schlages die Forststraße sich zu einem Holzlagerplatz ausbreitete und am Rande dieses Lagerplatzes zwischen den hohen Fichten eine kleine Schutzhütte der österreichischen Zollwache stand. Diese Hütte diente den Zöllnern als Quartier, wenn sie die Grenzen abgingen. Vorsichtig kletterte ich die Böschung hinauf und streifte durch den Hochwald bis an den Rand des Schlages vor. Dort ließ ich mich so nieder, daß ich aus dem schützenden Wald heraus den Schlag, der mit dichtester Äsung bewachsen war, beobachten konnte. Auf der gegenüberliegenden Seite sprudelte in einem kleinen Graben ein munteres Bächlein den Schlag herunter, floß unter der Forststraße hindurch bis hinter die Finanzhütte, wo es sich dann meinen Blicken entzog. Der Wind lag gut, er blies talwärts, und so konnte ich sicher sein, daß mich kein Wild wittern würde. So hockte ich nun da und beobachtete den Schlag. Es war ein herrlicher Spätsommertag. Und wie es duftete hier, der Waldboden, die Gräser, das modernde Holz, einfach überwältigend! Die Sonne stand schon sehr tief, direkt in meinem Rücken, und ihre Strahlen fielen wie Mikadostäbchen zwischen den Baumstämmen hinaus auf den Schlag. Auf einer Brombeerstaude vor mir ließ sich ein Rotkehlchen nieder und begann aus Leibeskräften zu zwitschern. Es drehte sich direkt zu mir her, so daß ich sogar die braunen Augen sehen konnte und wie sich der rostrot befiederte Kehlkopf beim Singen bewegte. Mir schien so, als gebe der kleine Tenor für mich ganz allein ein Konzert und als nähme ich einen Logenplatz im Theater der Natur ein.

Mittlerweile wurden die *Mikadoschatten* immer länger. Neben mir im Graben, wo das Bächlein sprudelte, hörte ich eine Amsel aufgeregt schimpfen. Gespannt horchte ich nach hinten. Irgendwas mußte die Amsel gestört haben, daß sie sich so aufregte. Bald hörte ich deutlich das Kollern von Steinen, dann herrschte wieder gespenstische Ruhe. Da knackte ein Ast, und gleich darauf war ein eigenartiges Husten zu hören, rauh und tief, immer gleichbleibend in der Tonlage, als ob sich jemand verschluckt hätte. Wieder folgte Stille. Jetzt knackte erneut ein Ast; es war sehr leise und mußte von einem leichten Schritt herrühren. Ganz deutlich konnte ich dann wieder ein Steinchen rollen hören. Vermutlich zog ein Reh genau im Wassergraben links von mir auf den Finanzerschlag zu. Und wieder dieses kurze, bellende Husten und anschließend dieses Knacken und Rascheln! Das war sicher Rehwild, denn Rotwild würde allein durch das größere Körpergewicht mehr Lärm machen. Es war jetzt schon ziemlich dämmrig, und ich saß geduckt und eng an den Baumstamm geschmiegt und beobachtete durch das Fernglas die Forststraße. Eines war mir klar: wer immer hier daherkam, der mußte auch über die Forststraße, die in dieser Kurve den Graben teilte. Der kleine Wildbach führte durch ein großes Betonrohr unter der Straße hindurch, und wenn also ein Stück Wild von unten den Bachlauf entlangzog, um in den Schlag zu kommen, mußte es auch hier die etwa vier Meter breite Straße überqueren, um dann wieder in den schützenden Graben einwechseln zu können. Jetzt war es schon ziemlich dunkel, und ich legte meine ganze Aufmerksamkeit auf die Wegböschung in der Kurve, die von meterhohen gelben Grasbüscheln und am Boden wuchernden, riesigen grünen Blättern, ähnlich unseren Krenwurzen, begrenzt wurde. Entlang der Böschung standen Buchen und Haselstauden. Plötzlich kollerten Steine. Aha, dachte ich mir, jetzt steigt das Stück Wild wohl die steile, steinige Böschung hoch und tritt dabei immer wieder kleinere Steinchen los, die dann hinunterrollten.

Da, eine Bewegung am Straßenrand und tatsächlich

verhoffte ein Reh mitten auf der Straße. Es war vorsichtig, sehr vorsichtig sogar: ein Bock. Kaum hatte ich ihn erblickt, war er auch schon über die Straße und in den Erlenstauden und meterhohen Farnen des dort weiterführenden Wassergrabens verschwunden. Der Bock befand sich jetzt zwar im Schlag, den Graben aber konnte ich nicht mehr einsehen, denn es war schon zu dunkel, und dieser Teil war derartig mit Stauden und Farn verwachsen, daß man wahrscheinlich sogar am hellichten Tag nichts hätte sehen können. Vielleicht würde man bei Tageslicht da und dort einmal die rote Rehdecke zwischen den Blättern und Kräutern durchschimmern sehen, das wäre aber auch schon alles. Das Husten des Wildes drang wieder an mein Ohr, diesmal schon weiter entfernt, über mir. Vielleicht litt er an Rachenbremsen, die er versuchte herauszuhusten, grübelte ich. Dort oben, ungefähr in der ersten Hälfte des Schlages, teilte sich dann der Graben und verlief in mehr oder weniger flachen Mulden bis unter die Wände am Ende des Schlages. Dort müßte das Tier jetzt wohl irgendwo sein! Ich hatte den Bock gar nicht genau ansprechen können, so rasch war er über die Straße gewechselt. Aber das machte nichts, der Bock hatte jedenfalls mein Interesse geweckt.

Dich werde ich mir schon noch genauer anschauen, sagte ich mir, als ich langsam und leise meine Sachen packte und vorsichtig durch den Hochwald davonschlich. Es war nun schon finstere Nacht, und bis zur Jagdhütte brauchte ich noch eine halbe Stunde.

Ich befand mich allein auf der Hütte, von den anderen Jägern gesellte sich heute niemand zu mir. Aber das war mir ganz recht, da konnte ich es mir gemütlich machen. Aus dem Loch im Boden holte ich eine Flasche Bier und ließ mich auf die Holzveranda vor der Hütte nieder. Dabei begann ich mir einen Plan zurechtzulegen, wie ich am besten an den Bock herankommen könnte.

Ja, begann ich meine Gedanken in die Nacht hinauszuspinnen, so müßte es klappen, wenn ich mich höher hinauf auf die Lauer lege, ungefähr dort oben, wo sich der Graben teilt, dann könnte ich beide Muldenausläufer einsehen, und nachdem der Bodenwuchs dort auch nicht so üppig ist, müßte der Rehbock doch irgendwie zu sehen sein oder sich durch seinen Husten verraten. Auf welcher Seite des Schlages soll ich mich niederlassen, links oder rechts? Rechts natürlich, denn wenn ich links sitzen wollte, müßte ich ja die Forststraße überqueren, und zwar genau dort, wo der Bock überwechselte. Und wenn er dann meine Fährte wittert, würde er sofort wieder vergrämt im Graben verschwinden und einen anderen Äsungsplatz aufsuchen. Ich muß also sehr vorsichtig und überlegt ans Werk gehen und ihn am Morgen bejagen, denn abends ist es auch schon fast zu dunkel, wenn er zur Äsung in den Schlag einwechselt.

Morgen geht es also auf zur Frühpirsch, freute ich mich, meinen Gedankengang beendend. Mit meinem Jagdplan war ich so zufrieden, daß ich gleich nochmal in das Loch hineinlangte und mir ein zweites Bier genehmigte. Dann stellte ich nur noch den Wecker und schlief sehr bald ein.

Um vier Uhr in der Früh rasselte der Wecker. Ich sprang aus dem Bett und war wenig später schon auf dem Weg hinaus. Es war höchste Zeit, denn der Morgen graute schon. Ungefähr 100 Meter vor dem Schlag bewegte ich mich nur mehr vorsichtig und hob bei jedem Schritt meine Füße hoch, um ja nicht an einen Stein zu stoßen.

Da fand ich auch schon den Bruch wieder, den ich mir am Vortag hingelegt hatte, um die Stelle zu finden, wo ich die Forststraße verlassen mußte, um in den Hochwald hinaufzusteigen. So, jetzt befand ich mich im Wald, das ging ja besser, als ich gedacht hatte! Auf dem weichen Waldboden kam ich geräuschlos vorwärts. Ein Blick durch das Fernglas zeigte mir, daß ich mich höhenmäßig ungefähr in der Mitte des Schlages befand. Deutlich konnte ich die beiden Muldenausläufer des Grabens erkennen. Und da bot sich mir auch schon ein guter Platz: zwischen zwei mächtigen Fichten, in einer kleinen Grube, konnte ich bequem durchlugen. Gut, daß ich meinen Mantel dabei hatte, auf den ich mich legen konnte, nachdem der Boden um diese Uhrzeit noch ziemlich feucht war. Auch begann es schon hell zu werden, die Vögel hoben nach und nach ihre zarten Stimmen an, als ob sie ein Zeichen bekommen hätten, und schon bald war das Morgenkonzert in vollem Gang.

Der Tag war angebrochen, und die ersten Strahlen der aufgehenden Sonne fielen in den Schlag. Mit dem Fernglas begann ich den ganzen Schlag abzusuchen. Noch konnte ich nichts entdecken oder doch, ganz hoch oben, unter den Felswänden, schien sich etwas zu bewegen. Ich richtete das Glas etwas genauer unter die Wände. Richtig: ich hatte mich nicht getäuscht. In der morgendlichen Idylle äste eine Rehgeiß mit ihrem Kitz. Irgendwo unter mir ratschte ein Eichelhäher. Ein Paar Sonnenstrahlen reichten jetzt schon genau zu mir her und wärmten mich angenehm. In Gedanken versunken mußte ich wohl ein bißchen eingedöst sein. Doch plötzlich schreckte ich auf; war da nicht das eigenartig heisere Husten, der Ton, der mir seit gestern Abend so vertraut war? Ja, da war es wieder, kein Zweifel. Der Bock zog durch den Graben den Schlag herauf. Mein Atem begann auf einmal viel schneller zu gehen, und mein Herz schien mir bis in den Hals hinauf zu klopfen. Wieder nahm ich das Fernglas hoch und suchte den Schlag ab. Dort, ungefähr in der Mitte, wo der Graben sich teilte, mußte er herauskommen. Ich zitterte derartig vor Spannung, daß ich das Fernglas kaum halten konnte. Der Zauber der Bergjagd hatte mich voll gepackt, und das Jagdfieber schüttelte mich nur so.

Wenn ich erst einmal geschossen habe, wird sich das sicher legen, versuchte ich mich selbst zu beruhigen, was natürlich nicht stimmte, denn heute, während des Schreibens dieser Zeilen packt mich das Jagdfieber noch genauso wie damals vor 23 Jahren.

Da, jetzt entdeckte ich den roten Wildkörper zwischen dem Farnkraut. Aber ich konnte noch immer nicht sehen, was er zwischen den Lauschern hatte, da war er schon wieder verschwunden. Bange Minuten vergingen. Würde er wohl aus dem Graben heraus in eine der flachen Mulden einwechseln oder nicht, am Ende blieb er gar im Graben stehen, was dann? Die Situation spitzte sich zu. Aber die Jagdgöttin Diana meinte es gut mit mir an diesem schönen Morgen. Der Bock schlurfte gemächlich aus dem Farnkraut heraus, und ich konnte ihn das erste Mal richtig sehen. Eigentlich war nicht viel dahinter, ein schmächtiger Körper, fast ein bißchen heruntergekommen, bot sich meinem Anblick. Das dürfte wohl vom Befall der Rachenbremse herrühren. Er mußte etwa drei Jahre alt sein, und auf seinem Haupt zeigte sich nur ein schwaches, total verdrehtes Korkenziehergeweih. Dann schüttelte ihn wieder ein fürchterlicher Hustenanfall. Deutlich konnte ich durch das starke Fernglas den blasigen Speichel am Äser erkennen. Nun hatte ich keinen Zweifel mehr, diesen Rehbock mußte ich auf alle Fälle der Wildbahn entnehmen, da handelte es sich um einen ausgesprochenen Hegeabschuß. Das bedauernswerte Tier mußte so rasch wie möglich von seinen Qualen erlöst werden. Ich mußte aber gut aufpassen, daß er mich nicht in den Wind bekam oder gar eine Bewegung von mir eräugte, dann wäre er sicher weg, und wer weiß, ob ich ihn dann jemals wieder aufstöbern würde. Er war ungefähr 60 Meter von mir entfernt auf ziemlich gleicher Höhe mit mir. Vorsichtig legte ich mich auf den Bauch. Ein Blick durch das Fernglas bestätigte mir, daß der Bock ruhig äste, er zeigte mir den Spiegel. Dann griff ich zum Rucksack und legte ihn als Auflage zwischen die beiden mächtigen Fichtenbäume. Das alles tat ich, ohne den Blick von dem Rehbock zu nehmen. Aber als ich zur Waffe griff, mußte ich den Bock für Sekunden aus den Augen lassen. So, jetzt hatte ich das Gewehr schußbereit auf den Rucksack aufgestützt. Als ich dann durch das Zielfernrohr blickte, erschrak ich für einen Moment, denn der Rehbock äugte genau zu mir herüber. Ich hatte das Gefühl, als würde er mir direkt in die Augen sehen. Er streckte mir noch immer den Spiegel zu und äugte dabei aufmerksam über die Schulter zurück. Das war natürlich eine ungute Lage. Der Bock mußte mich irgendwie bemerkt haben, und so wie er stand, konnte ich einfach nicht schießen. Er sollte sich doch wenigstens ein bißchen schräg stellen, damit ich die Kugel hinter das Blatt setzen konnte.

Der Bock schien immer unruhiger zu werden, und schon dachte ich, daß er abspringen würde. Doch welch ein Glück, ungefähr zehn Meter oberhalb des Bocks zog nun von rechts kommend die Rehgeiß, die bei Tagesanbruch mit ihrem Kitz noch oben unter den Felswänden geäst hatte, langsam in die Mulde ein, in der der Bock stand. Das Annähern der Geiß lenkte nun die Aufmerksamkeit des Bocks von mir ab, und er drehte sich nun genau so, daß er richtig breit vorstand. Träger und Haupt waren allerdings hinter Farnkraut verborgen, aber das Blatt war frei.

›Jetzt aber rasch‹, sagte ich mir. Blitzschnell faßte das Fadenkreuz den roten Wildkörper eine Handbreit hinter dem Blatt, und nach dem Knall war der Bock verschwunden. Das Echo rollte von den Felswänden über den Schlag herunter, und laut schreckend — bäh, bäh — flüchtete auch die Rehgeiß mit ihrem Kitz zurück in den schützenden Hochwald.

Dann war es totenstill. Kein Vogel meldete sich mehr, selbst das Rauschen des Windes schien momentan aufgehört zu haben. Es war, als ob die Bergidylle durch den Büchsenschuß zerrissen worden wäre. Als ich auf die Uhr blickte, war es halb acht. Eine halbe Stunde blieb ich noch an meinem Platz, erst dann trottete ich in Richtung Anschuß. Ich mußte nicht lange suchen, da fand ich schon den ersten Schweißtropfen auf dem Halm eines Farnes. Rubinrot leuchtete er in der Morgensonne. Nicht weit entfernt davon lag auch schon der Bock. Schnell brach ich ihn auf, und ein Blick in den Äser bestätigte mir sein Alter: drei Jahre. Er war auch tatsächlich voll von Rachenbremsen, wie ich später feststellen konnte. Nun mußte ich ihn nur noch schränken, in den Rucksack verstauen und den Weg zurück auf die Forststraße suchen. Mittlerweile hatte sich auch die Natur wieder beruhigt, der Wind raschelte wieder in den Wipfeln der alten Bäume, die Luft füllte sich mit dem Gesang der Vögel, und ich schleppte stolz meinen Hegeabschuß nach Hause.

Der Grenzbock

Wenn man die Möglichkeit hatte, in so einem schönen Bergrevier zu jagen und viel im Revier unterwegs war, dann kristallisierten sich langsam Lieblingsplätze heraus: Plätze, die man einem inneren Gefühl folgend besonders gern und oft aufsuchte. Sei es, weil ich mir auf solchen Plätzen mehr Wild erwartete als sonstwo, vielleicht weil sich gerade dort ein starker Wechsel befand, eine besonders gute Äsung vorhanden war, so ein Platz genau auf dem Weg zu einer Suhle lag oder weil man sich hier einfach wohl fühlte, leise herankommen und gut beobachten konnte.

Und so einen Platz suchte ich einmal Anfang Oktober auf. Er war nur etwa eine Viertelstunde von der Jagdhütte entfernt. Es handelt sich um einen Geländestreifen direkt an der jugoslawischen Grenze, mit kleinen und größeren Bäumen bestockt — ein ziemlich sumpfiges Gebiet. An die Sumpfstreifen grenzte ein alter mit Gras bewachsener Karrenweg. In den alten Spurrillen der Traktoren stand überall Wasser. Hie und da war der Weg einige Meter mit blanker, lehmiger Erde bedeckt und dann wieder mit starrem, gelbem, abgestandenem Gras bewachsen. Im weiteren Verlauf schloß sich wieder ein steil abfallender Streifen mit hohem fahlem Gras und dichten, vereinzelt stehenden Jungwaldinsel, bestimmt 50 Meter breit. Dann schloß sich eine Mauer, ein etwa drei Hektar weites Erlengebiet mit vorwiegend Sumpf und Wasser an, ein wahres Eldorado für Rotwild. Die Hirschbrunft war zu dieser Zeit in vollem Gange, und ich pirschte daher recht gerne an die Staatsgrenze, um den lehmigen Boden des alten Forstweges nach Rotwildfährten abzusuchen. Diese Stelle war ein regelrechter Mittelpunkt, denn alles was aus dem tiefen Erlengraben heraufzog, um nach Jugoslawien hinüberzuwechseln, mußte über diesen Weg kommen. Im weichen Boden des alten Forstweges hinterließen die Tiere dann ihre Fährte oder ihre Spuren, egal ob von uns hinüber oder von drüben herüber. Wer es verstand, konnte hier lesen wie in einem Buch. Ob Hirsch, Kalb oder Reh, Fuchs oder Marder, Auerwild oder Hase, auf diesem Weg hatte jeder sein Vorbeikommen noch immer *verraten*.

Es war ungefähr drei Uhr am Nachmittag, als ich von der Jagdhütte kommend die Forststraße verließ und den alten Weg aufmerksam und vorsichtig entlangpirschte. Meinen Blick hatte ich dabei hauptsächlich auf den Boden gerichtet. Es gab jede Menge frischer Fährten, sogar starke Rotwildfährten waren darunter. Beim Anblick dieser starken Rotwildfährten überlegte ich mir, wie das Rotwild überhaupt hierher kam. Vor dem Zweiten Weltkrieg existierte hier an der Grenze nach Jugoslawien nämlich ein großes Rotwildgatter. Sein adeliger Besitzer kreuzte da einst verschiedene Rotwildschläge, und so kommt es, daß heute noch in den Adern unseres Rotwildes in den Karawanken das Blut von Rotwild aus Ungarn, Nieder- und Oberösterreich und vielleicht noch ein bißchen vom Wapitihirsch aus Amerika fließt. In den Kriegswirren wurde das Gatter sodann schwer beschädigt, und das Rotwild verteilte sich überall in diesem Teil der Karawanken.

Ich wurde aus meinen tiefsinnigen Gedanken über die Herkunft des Rotwildes plötzlich durch ein tiefes *böh, böh, böh* herausgerissen. Als ich linker Hand zur Grenze blickte, bemerkte ich einen Rehbock, der laut schreckend nach Jugoslawien zurückflüchtete. Ach Gott, den hatte ich glatt übersehen. Dann blieb er noch einmal stehen und äugte zu mir herüber. Ein Blick durch das Glas bestätigte mir, daß er schon auf fremdem Boden war. Das war ja ein ausgesprochener 2b-Bock, Lauscher hoch auf eng gestellt, schwacher Sechser, genau das richtige für mich. Einen 2b-Bock hatten wir schließlich noch frei. Der Kerl hatte seinen Einstand in Jugoslawien und zog zur Äsung nach Österreich, ein *illegaler Grenzgänger* also. Vergessen war das Rotwild, ich dachte nur noch daran, wie ich ihn erwischen konnte. Lange durfte ich mir nicht Zeit lassen, denn Ende Oktober war die Schußzeit für Rehböcke vorbei. Und an noch etwas mußte ich denken, alte Böcke warfen zu dieser Zeit oder oft sogar schon etwas früher ihr Geweih ab. Und dieser Bock, soweit ich es feststellen konnte, war ein älteres Exemplar, möglicherweise schon zurückgesetzt, denn die Enden der Sechserkrone waren nur kurz, das Gesicht ziemlich grau und der helle Streifen um die Lichter, die sogenannte Brille, gab mir besonders zu denken. All diese typischen Zeichen deuteten auf ein älteres Stück. Heute dürfte er bestimmt nicht mehr herüberkommen zur Äsung, aber vielleicht morgen früh, da hätte ich eventuell eine Chance. Aber da gab es ein weiteres Problem: Wenn ich diesen Bock erlegen wollte, mußte ich auf die-

sen verdammten Hochsitz hinauf. Wie zur Bestätigung
drehte ich mich um und blickte zum Akrobatensitz hin.
Du meine Güte, die Leiter war schon kriminell und erst
dieses Brett oben über den zwei Ästen! Das war alles.
Nein, noch nicht alles, der Sitz befand sich auch noch
teuflisch weit oben! Sicher, wenn man erst einmal oben
war, konnte man den ganzen Grenzstreifen inklusive des
alten Weges und des darunter liegenden Hangs mit dem
Jungwald bestimmt sehr gut einsehen. Wenn ich also
morgen früh hier ansitzen wollte, müßte ich noch vor
Tagesanbruch, also noch bei Dunkelheit auf diesem
fürchterlichen Hochsitz sein.

Die Sonne versank langsam hinter den Bergen. Es war
schon reichlich spät geworden, und für diesen Tag zahlte
es sich nicht mehr aus, noch viel herumzuwandern. So

entschloß ich mich mutig zu einem Probeaufstieg auf den windschiefen Hochsitz. Ich trat an die Leiter und prüfte erst einmal, ob sie überhaupt am Baum festgemacht war. Dann probierte ich sorgfältig jede Sprosse, bevor ich einen Fuß darauf setzte. Die Sprossen waren sehr weit auseinander. Für die langen Beine meines fast zwei Meter großen Freundes wahrscheinlich gerade richtig, aber ich mußte zwischendurch schon wahre Klimmzüge machen, um von einer Sprosse zur anderen zu gelangen. 27 Sprossen zählte ich! Dieser verdammte Sitz war ja mindestens zwölf Meter hoch, und die Leiter stand noch dazu viel zu steil! Jetzt war ich fast oben. Aha, wenn ich auf das Brett wollte, mußte ich mich also an den vorhandenen Ästen festhalten, um dann — wie ein Eichhörnchen Äste ausnützend — von hinten um den Baumstamm herum auf das Brett zu gelangen. Ich probierte es vorsichtig und im Zeitlupentempo. Es war gar nicht einfach, denn ich hatte ja auch noch mein Gewehr umgehängt. Gut, daß ich den Rucksack unten liegen gelassen hatte, den brauchte ich also morgen erst gar nicht mitzunehmen, denn der würde mich beim Aufstieg nur behindern. Mit einem Fuß stand ich nun auf der letzten Sprosse der Leiter, und mit dem zweiten prüfte ich, ob das Sitzbrett stark genug und stabil sein würde. Ja, es war angenagelt. Über meinem Kopf befanden sich drei starke Äste, bei denen ich mich abwechselnd anhielt, bis ich sicher auf dem Brett stand. Ich war außer Atem und schweißgebadet und versuchte, mich irgendwie hinzusetzen, denn stehenbleiben konnte ich ja schließlich nicht. Aber wie sollte ich das nur anstellen? Links neben dem Sitzbrett ragten noch zwei stärkere Lärchenäste hervor, an die ich mich bequem lehnen konnte, und rechts gab es noch einen starken Ast, über den ich klettern mußte, dann aber meinen rechten Arm aufstützen konnte. Endlich saß ich auf dem Brett, die Füße hingen frei hinunter, die Äste links und rechts bildeten eine Gabel, aus der ich nicht hinausfallen konnte. Jetzt erst ließ ich meinen Blick rundum schweifen: hier konnte mir keine Maus entgehen. Auch den ungefähr 100 Meter weit entfernten Stützpunkt der Jugoslawen konnte ich sogar bis über den von einer Mauer umgebenen Hof sehr gut einsehen. Was die heute wieder für einen Lärm machten! Türen wurden geschlagen, Hunde bellten, Stimmengewirr und das Motorengeräusch eines sich entfernenden Fahrzeuges drang bis zu mir herüber. Hoffentlich machten die Grenzer morgen früh keinen Kontrollgang entlang der Linie, denn dann würde ich bestimmt umsonst hier sitzen. Ich war froh, mich mit dem Hochsitz vertraut gemacht zu haben, der Abstieg gelang mir schon besser, wohl auch deswegen, weil ich mich mit jedem Tritt nach unten dem sicheren Boden näherte. Unten angelangt nahm ich meinen Rucksack und schlenderte in der Dunkelheit zurück zur Jagdhütte.

Mein Freund Jancek hatte sich zu meiner Freude inzwischen auf der Hütte eingefunden, und ich erzählte ihm gleich enthusiastisch von dem Rehbock.

»Du«, sagte er, »sieh zu, daß du ihn erwischst; wir laufen ohnedies schon den ganzen Sommer über einem schönen 2b-Bock nach.«

»Ja«, bestätigte ich ihm, »morgen früh werde ich mich auf den Lärchensitz an der Grenze setzen. Aber was mache ich, wenn gerade eine Grenzpatrouille vorbeikommt?«

»Gar nichts«, winkte mein Freund ab, »einfach sitzen

bleiben. Der Bock ist an den Lärm vom Stützpunkt und an die Patrouillen bestimmt gewöhnt. Ich komme morgen früh wieder herauf. Schließlich will ich ja wissen, ob du den Grenzbock erwischt hast.« Damit verabschiedete sich Jancek eilig von mir, weil er noch einige Arbeit am elterlichen Hof hatte.

»Na ja«, dachte ich, legte ein paar Scheite Holz in den Ofen nach und nahm mein Buch über das Rotwild zur Hand. Das hatte ich mir eigens eingesteckt, nachdem die Abende auf der Hütte sehr lange wurden und ich hier Zeit hatte, mich in aller Ruhe weiterzubilden. Überhaupt hatte ich mich mit viel Fachliteratur eingedeckt, um über Lebensgewohnheiten, Sozialverhalten, Bejagungsarten, Jagdausdrücke und die Weidmannssprache unserer heimischen Wildarten so viel wie möglich zu erfahren. Nur so wurde aus mir — dem schüchternen und unsicheren Treibjagdjäger — im Laufe der Jahre langsam, aber sicher ein ausgekochter Profi, ein richtiger Bergjäger. An diesem Abend las ich noch bis kurz vor Mitternacht, dann löschte ich die Petroleumlampe und ging müde ins Bett.

Pünktlich um halb fünf rasselte der Wecker. Mich schüttelte es ordentlich, denn das Feuer war längst ausgegangen und die Hütte ausgekühlt. Zehn Minuten später war ich schon unterwegs zur Grenze. Rucksack und Mantel ließ ich in der Hütte zurück; wären sie doch nur hinderlich für mein Vorhaben gewesen. Ich nahm mir vor, etwa zweieinhalb Stunden zu sitzen, und dafür reichte mein alter Parker. Es war noch ziemlich dunkel, als ich mich auf dem Hochsitz, besser gesagt Notsitz, niederließ. Ich lehnte mich an den Stamm der Lärche und lauschte gespannt in die Dunkelheit. Tief im Erlengraben röhrte ein Hirsch, dann herrschte wieder Stille. Mit dem Fernglas richtete ich einen neugierigen Blick zum Stützpunkt der Jugoslawen hinüber, aber dort war alles finster. Wahrscheinlich hatten sie die Fensterläden zu, damit kein Lichtschein nach außen drang. Langsam graute es, und in einer Viertelstunde gab es bestimmt schon Schußlicht. Dann hörte ich die ersten Geräusche vom Stützpunkt herüber. Dort begann jetzt sicher schon der Dienstbetrieb, dachte ich im stillen. Nun war es bereits so hell, daß ich schon die Umrisse des Gebäudes erkennen konnte. Doch was war das? Es knackte und krachte, und schwere Schritte drangen an mein Ohr, jemand redete. In der Morgendämmerung konnte ich mühelos die rot-weiß-roten Grenzpflöcke wahrnehmen, bis dorthin mochten es ungefähr 20 Meter sein. Dann hörte ich das leise Klirren von Ketten. Schemenhaft tauchte eine Zwei-Mann-Patrouille auf, und ich beobachtete gespannt durch mein Fernglas, wie die Männer den Grenzpfad entlangmarschierten. Beide trugen Maschinenpistolen, und einer führte an einer starken Leine sogar einen zottigen Schäferhund, der eher einem blutrünstigen Wolf ähnelte als einem Hund. Die beiden Kerle schienen noch recht jung zu sein, sahen aber genauso ungepflegt und wild aus wie ihr Hund. Dann näherten sie sich der Stelle, wo sie mich entdecken mußten, wenn sie herüberschauten. Sie interessierten sich jedoch glücklicherweise nicht für den Hochsitz.

Ich konnte kaum noch sitzen und glaubte, alles an mir sei schon eingeschlafen. Da bemerkte ich zwischen den Fichtenporzen eine Bewegung. Ich nahm das Glas wieder hoch und tatsächlich, da äste der Bock knapp an der Grenze, aber schon auf östereichischem Gebiet. Er machte ein paar Fluchten und stand bald darauf auf dem alten Forstweg.

Aha, Bursche, dachte ich mir, dich haben wohl die beiden Grenzer angetrieben, ich müßte ihnen ja richtig dankbar sein für ihren Dienstgang.

Der Bock äste schon wieder ruhig und vertraut und zog dabei gemächlich über den alten Weg hinunter Richtung Erlengraben. Die Entfernung zu ihm betrug etwa 80 Meter, und ich hätte wohl sehr steil hinunterschießen müssen. Zudem verschwand der Bock fast in dem hohen Gras und den zahlreichen Stauden. Nur der Kopf und der Träger ragten hervor. Wenn er den Hochwald erreicht, ist er bestimmt weg, dachte ich, jetzt oder nie!

Der Bock tat sich gerade an den dicht wachsenden Brombeerstauden gütlich, war für einige Zeit verschwunden, tauchte aber hart am Rande des Hochwaldes wieder auf und naschte an den Trieben einer jungen Fichte. Wenn das mein Freund wüßte, würde er dich bestimmt schon deshalb erschießen, du Lump! drohte ich in Richtung des Bockes, ihn keine Sekunde aus den Augen lassend.

Dann stellte er sich zwischen zwei junge Fichten hin, leicht schräg, aber frei. Mein Augenblick war gekommen, ich hob das Gewehr, richtete das Fadenkreuz auf mein Ziel und ließ den Schuß durch den hellen klaren Morgen peitschen. Donnernd rollte das Echo über den Talkessel, und mit zwei riesigen Fluchtenden war der Bock im angrenzenden Hochwald verschwunden. Gott sei Dank bin ich meinen Schuß endlich losgeworden, denn ich war schon ganz steif vom Sitzen. Vorsichtig entlud ich mein Gewehr und erlöste mich von dem *Martersitz;* so schnell würde mich da keiner mehr hinauf bringen. Langsam begann mein Blut wieder zu zirkulieren, und es kribbelte in allen Gliedern. Eine Stunde nahm ich mir vor zu warten, dann wollte ich nachschauen. In der Zwischenzeit begab ich mich zurück zur Hütte zum verdienten Frühstück, und außerdem wollte ich wissen, ob mein Freund auch wirklich gekommen war.

Es war ungefähr halb acht, als ich die Hütte erreichte, und auch das Auto meines Freundes parkte in der Nähe. Beim gemütlichen Essen erzählte ich meinem Freund, was ich erlebt hatte. Ich konnte ihm allerdings kein sicheres Schußzeichen bestätigen, und deshalb meinte er, es sei durchaus möglich, daß ich den Bock steil unterschossen habe, noch dazu, wo ich ein bißchen tief abgekommen sei. Eine Stunde später begleitete er mich zum Anschuß. Da war aber nichts zu sehen.

Plötzlich rief mein Freund: »Hier, schau her, was da ist!« Da blinkten tatsächlich Schweißspritzer und viel helles, kurzes Schnitthaar.

»Den hast du ganz tief gepackt«, rief mein Freund, »das beweist schon das Schnitthaar. Hoffentlich hast du ihn nicht nur geritzt.«

»Paß auf, wir teilen uns«, schlug er mir dann vor, »du suchst hier, und ich gehe da hinunter!«

»In Ordnung«, erklärte ich, und auf einmal wurde mir wieder bewußt, wie wichtig ein guter Hund in solch einer Situation wäre. Schade, denn mein Dackel war zu dieser Zeit erst vier Monate alt, und ich hatte ihn zu Hause gelassen. Ich mochte ungefähr 60 Meter zurückgelegt haben, da hörte ich auch schon meinen Freund rufen und eilte in seine Richtung. Ja, da lag der Bock, und wie mein Freund vorausgesagt hatte, hatte das Geschoß den Bock ganz tief unten aufgeschlitzt. Er war im wahrsten Sinn des Wortes ausgeschweißt.

»Na, da hast du wohl ein wenig gezittert?« neckte mich Jancek, »drei Zentimeter tiefer, und du hättest danebengeschossen.«

Nach dem Aufbrechen trugen wir den Bock gemeinsam hinauf auf die Straße zum Auto. Jancek legte ihn auf den linken Kotflügel seines VW-Käfers, und wir begaben uns fröhlich gelaunt zur Jagdhütte, wo wir den Vormittag mit einem lustigen Frühschoppen ausklingen ließen.

Der Schmuggler

An einem Samstag Ende Oktober unternahm ich wieder einmal einen Ausflug nach Trögern. Ich hatte mit meinem Freund ausgemacht, den ganzen Tag über auf Hochwild zu pirschen. Er erwartete mich schon, und wir fuhren in seinem VW-Käfer zur Jagdhütte hinauf. Es war ein herrlicher Tag, der Herbst hatte den Bergwald bunt gefärbt, und ein tiefblauer Himmel spannte sich über den Trögerner Talkessel — kurz: es herrschte ideales Bergwetter.

Bei der Hütte angelangt, wurde erst einmal ein Bier aus dem Loch geholt und beim gemütlichen Schluck der Pirschplan gemacht.

»Also«, schlug Jancek vor und zeigte dabei in die Gegend hinaus, »wir werden die Forststraße hinauf pirschen. Da können wir die Schläge links und rechts der Straße gut einsehen. Dann streifen wir die Jagdgrenze entlang über die *Konska-Raun* hinauf auf die Kep und von da unter den Wänden des Storschitz nach rechts zur Staatsgrenze hin, so daß wir in einem großen Bogen gegen Mittag wieder zur Jagdhütte zurückkommen.«

Wie abgesprochen, brachen wir von der Jagdhütte auf, zwar recht zügig, aber dennoch sehr bedächtig. »Sollten wir irgendwo einen Bock sehen, dann schießen wir ihn natürlich«, sagte Jancek. Die Abschußzeit für Böcke dauerte ohnehin nur noch zwei Tage. Vorsichtig und aufmerksam wanderten wir den Hochwald hinauf zur *Konska Raun*. »Konska Raun heißt so viel wie Pferdewiese«, übersetzte mein Freund.

Am Rand des Hochwaldes angelangt, hockten wir uns unter eine mächtige Fichte, deren Äste so tief herunterhingen, daß sie fast den Boden berührten. Vor uns breitete sich also diese etwa einen Hektar umfassende, ehemalige Pferdeweide aus. Das hohe, gelb verfärbte Berggras ähnelte einem Kornfeld. Dazwischen standen vereinzelt ein paar Fichtenbäumchen. Ganz links schlängelte sich der markierte Wandersteig hinauf auf den Storschitz. Ungefähr eine halbe Stunde lang beobachteten wir die Bergwiese, aber es war nichts zu sehen. Die Sonne schien jetzt voll auf die Wiese. Es müßte ungefähr halb elf sein, dachte ich, und ein Blick auf meine Armbanduhr bestätigte mir, daß ich bis auf ein paar Minuten richtig geschätzt hatte.

Mein Freund bedeutete mir aufzustehen: »Wir pirschen den Touristensteig weiter hinauf«, beschloß er.

Auf ungefähr halber Höhe der Wiese angelangt, führte der Steig mitten durch eine kleine Fichtengruppe. Die Bäumchen reichten uns bis etwa an den Hals. Nach ein paar Schritten müßten wir hindurch sein, dachte ich, und lief meinem Freund fast in den Rücken. Jancek zeigte nach rechts. Da stand doch wirklich ein Rehbock, ein mickriger, schwacher Spießer, den konnte ich sogar ohne Fernglas ausmachen, weil er höchstens 30 Meter von uns entfernt war. Aufmerksam äugte er zu uns herüber. Die kleine Baumgruppe gab uns wohl Deckung, aber unsere Köpfe ragten über den Baumwipfeln hervor.

»Schieß ihn!« flüsterte mir mein Freund zu. »Lauf hinaus auf die Wiese und schieß! Aber du mußt das Gewehr jetzt schon in die Hand nehmen, wenn du draußen bist, muß es auch schon knallen!«

Und wie zur Bestätigung seiner Worte drückte er sich an die Bäumchen, um mir auf dem Steig Platz zu machen. Ich nahm schnell das Gewehr von der Schulter, und mein Freund murmelte: »Der steht spitz, du mußt im Stich schießen!« Dann sprintete ich los. Schon war ich draußen, nach rechts gedreht, blitzschnell das Gewehr an die Wange gerissen, freihändig. Na, wenn das gut geht! Das Fadenkreuz faßte den Bock im Stich, dann zog ich durch. Aber statt eines hallenden Schusses gab es nur ein jämmerliches metallisches *Klick*. Die Waffe hatte ich in der Hütte unterladen gehabt, und beim Weggehen hatte ich dann vergessen, eine Patrone in den Laderaum zu repetieren. Der Bock war natürlich weg. Plötzlich wurde mir sehr heiß, und mein Freund höhnte mit todernstem Gesicht: »Du, bei uns in Trögern schießen wir die Böcke noch immer mit Patronen!«

Wir brachen beide in schallendes Gelächter aus, und auf dem Weg zur Jagdhütte mußte ich mir von Jancek noch allerhand Sticheleien anhören. Nach der Mittagspause räkelten wir faul vor der Hütte in der Sonne. Eine herrliche Ruhe war das hier. Zu dieser Jahreszeit kam höchstens zwei- oder dreimal ein Wanderer vorbei. Um drei wollten wir wieder aufbrechen zum Felsenkopf im tiefen Erlengraben. Durch einen flachen schmalen Graben stiegen wir teilweise im Bachbett entlang hinunter, bis wir das Felsenköpfl erreichten. Dort kletterten wir hinauf und machten es uns bequem. Von hier aus konnte man einen kleinen Teil des Erlengrabens überblicken. Was diesen Teil aber so interessant gestaltete, war der starke Rotwildwechsel, der unter dem Felsköpfl vorbeiführte. Dies war sicherlich ein ganz hervorragender Platz zum Beobachten. Zum Schießen war er nicht so ideal, weil der Graben bis auf vereinzelte Blößen dicht mit Erlen bestanden war. Außerdem konnte man hier wirklich nur bei Tageslicht schießen und auch dann nur, wenn ein Stück Wild gerade auf so einer kleinen Blöße ruhte. Trotzdem mußte man aufpassen, daß man nicht einen Ast traf. Kleine dünne Ästchen oder stärkere Grashalme konnte man im Zielfernrohr nämlich gar nicht erkennen. In so einem Fall mußte man mit dem Jagdglas vorher alles abschauen und sich merken, wo man hinschießen konnte und wo nicht. Mein Freund stieß mich an und deutete nach vorne. Mit freiem Auge konnte ich zwei dunkle Wildkörper entdecken. Es war Hochwild. Ich hob mein Glas an die Augen. Ja, da zog ein Tier mit seinem Kalb auf dem alten Wechsel im Boden des Erlengrabens langsam äsend von uns weg. Bei diesem dichten Erlengestrüpp war natürlich überhaupt nicht an ein Schießen zu denken. Wir mußten die beiden also unverrichteter Dinge ziehen lassen.

Die Schatten der Dämmerung begannen schon einzufallen.

»Komm«, winkte mir mein Freund mit einer Armbewegung, »wir gehen. Bis wir oben an der Straße sind, wird es dunkel. Das geht jetzt sehr schnell. Du kennst das ja schon.«

Wir stiegen gerade vom Felskopf herunter, als plötzlich ein Schuß durch die Dämmerung peitschte. Ruckartig blieben wir stehen. »Außer uns ist doch heute niemand im Revier!« wunderte sich Jancek und blickte mich staunend an.

Ein zweiter Schuß krachte.

»Da wird doch nicht jemand wildern?« fragte ich.

»Kann schon sein«, ärgerte sich mein Freund, »komm schnell, wir müssen hinauf zur Straße und dann zum Auto.«

Und wieder krachten mehrere Schüsse. Mittlerweile war es bereits dunkel geworden, und wir stolperten hastig durch den Graben hinauf.

»Ich glaube, dem Schall nach zu urteilen, kommen die Schüsse von der Staatsgrenze oben«, rief ich meinem Freund keuchend über die Schulter zu.

»Ja, ich glaube auch«, bestätigte er.

Wieder peitschten Schüsse durch die Nacht.

»Du lieber Himmel, das ist ja schlimmer als bei einer Treibjagd!« brachte ich atemlos hervor, als wir auf der Straße angelangt waren.

Wir liefen in Richtung Staatsgrenze.

»Ja«, meinte Jancek ebenso aufgeregt wie ich, »nur mit dem Unterschied, daß das Wild zweibeinig ist, welches hier gejagt wird.«

Und wie zur Bestätigung meiner Worte blitzte es plötzlich am Himmel, und der Grenzstreifen wurde von zahlreichen Leuchtraketen erhellt. Bis zum Lärchenhochsitz an der Grenze trennten uns nur noch 50 Meter. Jetzt konnten wir schon deutlich laute Rufe hören, die von Schüssen und Leuchtraketen unterbrochen wurden. Ganz außer Atem erreichten wir schließlich den Hochsitz, der ja nur 20 Meter von der Grenze entfernt war. Einer hinter dem anderen hasteten wir die steile Leiter hinauf. Auf dem durch Leuchtraketen gespenstisch beleuchteten Almboden hetzte eine geduckte Gestalt mit einem Rucksack auf dem Buckel, verfolgt von drei Wächtern, der Grenze zu. Immer wieder wurden Warnschüsse abgegeben.

»Gezielt schießen sie erst, wenn er ihnen über die Grenze zu entwischen droht«, erklärte Jancek.

Knapp vor der Grenze wurde der Mann dann doch noch erwischt, brutal zu Boden gerissen und wie ein schwerer Sack zwischen zwei Soldaten hängend von diesen weggeschleppt. Ich war erschüttert über so viel Brutalität.

»Hätten wir gar nicht helfen können?« frage ich Jancek.

»Nein«, winkte Jancek ab, »wie denn? Wenn er nur einen Meter auf österreichischem Boden gestanden wäre, dann wäre es etwas anderes gewesen.«

Als wir dann, jeder in Gedanken versunken über die Aufregung, wieder in Richtung Jagdhütte marschierten, unterbrach Jancek das Schweigen: »Weißt du«, flüsterte er, »alles im Leben hat seinen Sinn.«

Durch die guten nachbarlichen Beziehungen zwischen Österreich und Jugoslawien wurde besagter Stützpunkt einige Zeit später aufgelassen und irgendwann sogar zum Verkauf ausgeschrieben. Heute ist er aus Kostengründen nur mehr sporadisch besetzt.

Ich jagte, wie das Jahr sich drehte. Zu allen Jahreszeiten zog ich still und leise meine Fährte durch dieses schöne Jagdrevier an der Grenze nach Jugoslawien. Hier war alles wunderbar. Im Revier herrschte eine idyllische Ruhe, keine öffentliche Straße und damit gezwungenermaßen zumeist auftretendes Straßenfallwild störten hier. Ich kannte z.B. Gemeindejagden im Tal, die mehr Straßenfallwild aufwiesen, als zum Abschuß freigegeben war. Auch der Ausflugsverkehr hielt sich in Grenzen. Ein paar Wandervögel, die sich hierher verirrten und die paar Gäste aus dem Gasthof meines Freundes, das war alles, was an Zweibeinern herumkroch. Und wenn, spielte es sich hauptsächlich im Sommer bis Ende September ab, oder höchstens bis Mitte Oktober, wenn ein paar Jagdgäste dabei waren. Trögern bot wirklich alles. Für mich war es einfach ein kleines Paradies. Nur eines störte mich: Es gab so gut wie keine Reviereinrichtungen, vor allem Hochsitze, abgesehen von dem selbstmörderischen Lärchensitz an der Staatsgrenze. Das wollte ich, wie angekündigt, ändern. An besonders guten Plätzen, an welchen gerne Wild zur Äsung auszog, wollte ich gute Hochsitze bauen. Da war man dann vom Wind unabhängig. Besonders in letzter Zeit hatte ich oft an dieses Vorhaben gedacht, denn mir ist es zwischendurch immer wieder passiert, daß plötzlich der Wind umschlug oder zu kräuseln begann, wenn ich irgendwo im Revier auf dem Boden gesessen bin und Wild beobachtet habe. Das Wild bekam dann sofort Wind von mir, und blitzschnell war die Bühne auch schon wieder leer. Auf einem gut angelegten Hochsitz konnte einem so etwas mit 99%iger Sicherheit nicht passieren. Als ich meinen Freund Jancek darauf ansprach, gab er mir sofort freie Hand, Hochsitze zu bauen, wo es notwendig war.

Und so saß ich eines Tages in der warmen Märzsonne vor der Jagdhütte und dachte über dieses Problem nach. Allein konnte ich so etwas nicht verwirklichen, außerdem stellte ich mir das Bauen eines Hochsitzes zu zweit auch viel geselliger vor. Überhaupt sehnte ich mich irgendwie danach, einen Jagdkameraden zur Seite zu haben. Der müßte genauso sein wie ich, ungefähr dieselben Interessen haben und sich zeitgemäß nach mir richten können. Vor allem im Herbst müßte er viel Zeit haben. Irgendwo mußte es doch Leute geben, die gern in so einem Revier jagen wollten und zu mir paßten! Außerdem müßte ich meinen Freund und Jagdherrn Jancek um Erlaubnis fragen, ob ich überhaupt jemanden mitbringen dürfe. Bei diesen Gedanken spürte ich, daß mir langsam kalt wurde. Klar, die Sonne war schon weg. Es war Zeit, daß ich nach Hause fuhr. Ich hatte mich so intensiv in meinen Wunsch versponnen, daß ich zum Schluß überhaupt keine Lösung sah, und alles vorerst einmal ad acta legte.

Es gibt Probleme im Leben, die sich mit der Zeit von ganz allein erledigen. Auch mein Problem *Jagdkamerad* erledigte sich nach einer Woche von allein, und noch dazu auf ganz wundersame Weise: Ein Brief landete auf meinem Schreibtisch, auf dem *Militärkommando Kärnten* als Absender stand. Kurz und bündig wurde mir mitgeteilt, daß ich Mitte April zu einer zehn Tage dauernden Reserveübung eingezogen werden würde und mich am angegebenen Tag bis spätestens neun Uhr vormittag auf einem Truppenübungsplatz in der Nähe von Ferlach einzufinden hatte. Ich freute mich darüber, denn da würde ich bestimmt einige Kameraden aus meiner Präsenzdienstzeit treffen. Und die Zeit im April paßte mir ganz gut, weil ich da beruflich leicht abkömmlich war.

Der Tag der Einberufung kam. Ich packte meine Sachen und fuhr nach Ferlach. Am dritten Tag der Reserveübung traf ich zwischen den Zellen meinen ehemaligen Zugkommandanten, Hermann Stocker. Gleich rief ich ihm ein *Hallo* zu und mußte ihm beim Nachdenken, wer ich sei, auf die Sprünge helfen. Kein Wunder: Bei so vielen jungen Menschen, die er schon ausgebildet hatte, konnte er sich nicht jeden merken.

»Na, wie geht's denn?« fragte er mich.

»Danke«, erwiderte ich, »und selbst?«

»Alles in Butter. Na, die Hälfte der Zeit hast du ja schon überstanden.«

»Ach«, winkte ich ab, »das ist ja nicht weiter schlimm. Wenn man den ganzen Tag zu tun hat, dann vergeht die Zeit wie im Flug.«

»Paß auf«, bedeutete mir der Zugkommandant, »morgen haben wir zum Abschluß eine Nachtübung auf der Windischen Höhe. Zieh Dich warm an, es wird kalt.« Und mit einem freundlichen »Vielleicht sehen wir uns noch einmal«, entfernte er sich.

Am nächsten Morgen herrschte großer Aufbruch. In langsamer Kolonnenfahrt ging es in Richtung Oberkärnten. Am Nachmittag hatten wir unser Übungsziel, die Windische Höhe, erreicht. Nach militärischer Logik richteten wir uns in einem Waldstück zur Verteidigung ein. Überall am Waldrand waren Posten aufgestellt, und die einzige Straße, die hier vorbeiführte, wurde von uns kontrolliert. Mittlerweile war es bereits dunkel geworden. Etwas entfernt hörte man dann und wann das Krachen von Übungsmunition, aber in unserem Abschnitt blieb alles ruhig und friedlich. Gott sei Dank, denn es war bitter kalt, und ein eisiger Wind fegte über die Höhen. In einer Mulde hatten wir ein kleines Feuer gemacht, das uns angenehm wärmte. Immer wieder kam jemand vorbei, um sich daran die klammen Finger zu reiben. Es mochte gegen Mitternacht gewesen sein, als Hermann Stocker bei uns vorbeischaute. Ich hockte gerade allein am Feuer. Wir unterhielten uns über die Übung. Um unseren Blutkreislauf ein bißchen anzuregen, griff ich in die Seitentasche meines Tarnanzuges und holte mein kleines, in grünes Leder gebundenes Jagdflascherl heraus.

»Hier«, sagte ich und hielt ihm die Flasche hin, »nimm einen Schluck, ist guter Cognac, der wärmt von innen!«

»Oh«, freute sich Stocker, »das ist natürlich ganz was Feines« und nahm einen Schluck. »Aber das ist ja ein Jagdflascherl! Bist du vielleicht Jäger?«

»Ja«, erwiderte ich stolz.

»Na, so ein Zufall«, Stockers Miene erhellte sich.

»Und du am Ende auch?« fragte ich, neugierig geworden.

»Ja«, war seine Antwort. Und damit schien das Gesprächsthema für den Rest der Nacht bis zum Übungsende schon vorgegeben.

»Wo jagst du denn?« fragte ich Hermann.

»Ach, weißt du, von Jagen, richtigem Jagen kann eigentlich keine Rede sein«, seufzte dieser. »Ich habe einen Begehungsschein auf Raubzeug in Feldkirchen. Aber das ist nicht das Wahre. Füttern und Salz austragen ist das einzige, was ich darf. Und immer wieder werden andere vor mir als Mitglieder in die Gemeindejagd aufgenommen. Das macht keinen Spaß mehr.«

»Und wo treibst du dich jagdlich herum?« wandte er sich daraufhin an mich.

»Ich jage in Trögern. Weißt du, wo das ist?« fragte ich ihn.

»Nein!«

»Das dachte ich mir«, gab ich zurück. Und dann erzählte ich ihm von meinem Schulfreund Jancek und seiner herrlichen Bergjagd. Zwischendurch reichte ich ihm das Jagdflascherl und nahm auch selbst ab und zu ein Schlückchen.

»Ja«, schwärmte ich weiter, »du wirst es nicht glauben, aber es gibt fast alles in diesem Revier. Rotwild, Rehwild und Gams, Auer- und Spielhahn, Haselwild und allerlei Raubzeug. Und das wichtigste, eine urige Jagdhütte.«

»Nur eins gibt es nicht«, betonte ich fast lachend, »Hochsitze!«

»Aber die kann man ja bauen«, wunderte sich Hermann.

»Das schon«, warf ich ein, »aber allein ist das etwas schwierig.«

»Weißt du, was«, kam mir gleich die rettende Idee, »wenn ich wieder zu Hause bin, werde ich mit meinem Freund Jancek sprechen. Vielleicht kannst du ab und zu mit mir in Trögern jagen. Ja, hast du überhaupt schon einmal was geschossen? Ich meine jetzt nicht einen Hasen bei einer Treibjagd, sondern ein Stück Rot- oder Rehwild?«

»Nein, noch nie«, sagte Hermann, »bis jetzt habe ich nie die Erlaubnis für einen Rehbockabschuß erhalten.

Außer Füttern im Winter oder ein bis zwei Treibjagden habe ich noch nichts gemacht.«

Ein Kradmelder unterbrach unsere angeregte Unterhaltung und gab das Übungsende bekannt.

»Jetzt ist die Zeit schnell vergangen«, schreckte Hermann hoch.

»Ja«, sagte ich lachend, »und sollten wir uns am Truppenübungsplatz nicht mehr sehen, ich vergeß dich nicht. Ich kann dir zwar nichts versprechen, aber ich unterhalte mich mal mit meinem Freund.«

»Das wäre schön«, freute sich Hermann, »weißt du, es haben schon viele Bekannte zu mir gesagt, daß sie mich einmal zur Jagd einladen würden, aber gehalten hat das bis heute noch niemand!«

»Na, vielleicht bin ich der erste, der sein Wort hält«, lachte ich und drückte ihm zum Abschied die Hand.

Bald darauf verschluckte uns die Dunkelheit einer vom Wind verwehten eisigen Nacht auf der *Windischen Höhe.*

Drei Wochen später, ich hatte in der Zwischenzeit den *bunten Rock der Republik* wieder mit meinem Zivilgewand getauscht, kam ich nach Trögern und erzählte meinem Freund Jancek von Hermann. »Das ist ein hochanständiger Bursche, Jancek«, fügte ich zum Schluß hinzu.

»Das glaube ich dir«, meinte Jancek, »denn sonst würdest du nicht so ein gutes Wort für ihn einlegen.« Und ohne viel zu überlegen, klopfte er mir freundschaftlich auf die Schulter: »Sag deinem Hermann, er soll den Begehungsschein in Feldkirchen ruhig sausen lassen. Er kann hier bei uns jagen!«

Mein Gesicht erhellte sich freudig, und ich konnte es gar nicht erwarten, Hermann die Nachricht weiterzugeben. Der Zettel mit Hermanns Telefonnummer lag allerdings zu Hause auf meinem Schreibtisch. Ich stellte mir schon sein überraschtes Gesicht bzw. seine Antwort vor, wenn ich ihm am Telefon mitteilte, daß er in Trögern jagen dürfe. Mein Terminkalender sagte mir jedoch, daß ich mich noch etwas gedulden müsse mit dem nächsten Ausflug ins Revier.

Bald darauf war es soweit. Ich rief in der Kaserne an. Im ersten Moment konnte Hermann meinen Namen nicht so recht einordnen, aber als ich die Jagd erwähnte, funkte es bei ihm. Ich berichtete ihm gleich von meinem Gespräch mit Jancek, und daß er bei uns in Trögern mitjagen könne. Da war er dann so perplex, daß er keine Worte mehr fand.

»Wann hast du denn Zeit?« unterbrach ich die Pause am Telefon.

»Ja, weißt du«, Hermann hatte sich wieder gefangen, »ich bin Heeresbeamter und habe am Wochenende eigentlich immer frei.«

»Das ist ja super«, freute ich mich, »ich hole dich gleich am Samstag ab, wo wohnst du denn?«

»In Klagenfurt, St. Peter!«

»Das liegt ja direkt auf der Strecke«, brauchte ich nicht lange nachzudenken. »Also abgemacht!«

»Ja, ich freue mich riesig«, versicherte er mir noch, und ich legte den Hörer auf.

An besagtem Samstag erwartete mich Hermann schon an der ausgemachten Straßenecke. Er trug einen grünen Jagdanzug, und der Rucksack hing lässig an einem Riemen über der Schulter. Wir begrüßten uns kurz, er stieg zu mir in den Wagen, und los ging es Richtung Trögern. Während der Fahrt erklärte ich ihm, daß Jancek ihm die

Erlaubnis gab, alles zu jagen und daß er den Schein in Feldkirchen vergessen könnte.

Hermann staunte mich ungläubig an und fragte noch einmal: »Ist das wirklich wahr?«

»Ja«, sagte ich strahlend, »er wird es dir auch selbst noch sagen, wenn wir dort sind.«

Und dann informierte ich ihn über die Jagd, wer alles dazugehörte, wie es dort üblicherweise zuging, was zum Abschuß frei war, und schon waren wir am Ziel angekommen. Auf dem Weg zum Gasthof zeigte ich Hermann die Schönheiten der Klamm, erklärte ihm stolz die umliegenden Berge und stellte ihn bald darauf den Eltern meines Schulfreundes vor. Nachdem wir uns bei der Begrüßung ein gutes Bier genehmigt hatten, wanderten wir gleich hinauf zur Jagdhütte. Unterwegs beschrieb ich ihm die Grenze nach Jugoslawien, genauso wie Jancek es seinerzeit gemacht hatte.

Auf der Hütte erwartete uns Jancek schon, und nach einer kurzen Begrüßung übernahm er gleich ohne Umschweife das Wort: »Fredi hat mir schon von dir erzählt. Unsere Jagd ist groß genug. Du kannst hier bei mir jagen.«

Hermann war ganz aus dem Häuschen und nahm das Angebot natürlich gerne an. Und so wurde er mein erster Jagdkamerad in Trögern.

In der nächsten Zeit zeigte ich Hermann das ganze Revier. Wir bauten auch bald zwei tolle Hochsitze, einen im tiefen Erlengraben und einen gleich unter der Jagdhütte auf dem sogenannten Felsenkopf. Von diesem Felsenkopfsitz aus erlebte ich mit meinem Kameraden einmal eine herrliche Hirschbrunft. Überall im Revier, und vor allem rund um diesen Felsenkopf, röhrten die Hir-

105

sche. Hermann konnte mit seinen hohlen Händen das Röhren besonders gut nachahmen. Damit röhrte er eines Abends sogar zwei Hirsche bis knapp an die Jagdhütte heran. Der eine kam von der jugoslawischen Grenze herunter, der andere unter der Jagdhütte vom Felsenkopf herauf. Jeder der beiden vermeinte in Hermann einen Gegner zu haben, und sie näherten sich dabei bis auf ungefähr 30 Meter der Hütte. Sofort hörte Hermann auf zu rufen, und gespannt lauschten wir in die Nacht hinein. Die beiden Hirsche gingen tatsächlich aufeinander los. Man hörte das Trommeln der Läufe auf dem weichen Waldboden und das Krachen von zusammenstoßendem Geweih. Der Kampf dauerte wohl eine Viertelstunde, bis einer von ihnen aufgab und Richtung Grenze flüchete.

»Aha, der hat den kürzeren gezogen«, flüsterte Hermann mir zu. Und wie zur Bestätigung ertönte ein mächtiger Brunftschrei des Siegers. Dann vernahmen wir ihn noch eine Zeitlang unter der Jagdhütte, wo er wütend mit seinem Geweih in die Stauden schlug, bis auch er laut röhrend in Richtung Felsenkopf verschwand.

Das war die erste Hirschbrunft, die meine Dackelhündin *Dorli* miterlebt hatte. Sie war ganz aufgeregt, denn überall im Revier witterte sie verlockende Fährten.

Wir hatten eine herrliche Zeit damals im Revier. Sogar am hellichten Tag konnte man überall Rotwild begegnen. Heute hat sich das etwas geändert. Das Rotwild ist fast zum Nachtwild geworden.

Hermanns erster Bock

»Es ist höchste Zeit, daß du einmal einen Rehbock schießt!« sagte ich eines Tages zu Hermann.

»Ja«, erwiderte er, »ich lasse mir gerade ein Jagdgewehr bauen, aber das dauert noch eine Weile, bis die Büchse fertig wird.«

»Das macht nichts«, beruhigte ich ihn, »ich habe eine ganz neue Bockbüchse, die könnten wir dabei gleich richtig ausprobieren. Ich werde dir rechtzeitig Bescheid geben, wann wir auf die Alm fahren.«

An einem wunderschönen heißen Augusttag kam ich um acht Uhr früh, wie ausgemacht, zu Hermann. Ich läutete an seiner Haustüre, aber nichts rührte sich. Ich läutete noch einmal, wieder nichts. Jetzt suchte ich nach kleinen Steinchen, die ich gegen die Fensterscheibe warf. Mindestens eine Faust voll hatte ich schon geworfen, als endlich der Vorhang weggezogen wurde und Hermanns verschlafenes Gesicht zum Vorschein kam. Er steckte noch im Pyjama.

»Mensch«, rief er plötzlich hellwach, »ich habe glatt verschlafen, komm nur herein!«

»Na«, stichelte ich ihn schmunzelnd, »habe ich dich aus dem Wundbett hochgemacht, was?«

»Oh, mein Gott«, Hermann strich sich dabei durch die zerzausten Haare, »gestern bin ich so richtig versumpft!«

»Dann beeil dich mal«, trieb ich ihn an, »denn so wie du jetzt aussiehst, werden die Rehböcke wohl keinen Respekt vor dir haben. Die Luft auf der Alm wird dir sicher gut tun und dir wieder auf die Sprünge helfen!«

»Oh, gerade in so einem Zustand bin ich besonders gefährlich!« wehrte Hermann spitzbübisch ab.

»Ja, ja, ich glaub's dir«, mußte ich lachen, »komm, mach voran!«

Hermann war dann aber auch ruck-zuck fertig. Die Rasur schenkte er sich, Jause hatte ich eingepackt, und schon waren wir unterwegs.

»Wir müssen die Zeit nützen«, sagte ich, »jetzt treiben die Böcke den ganzen Tag, und heiß ist es auch. Genau das richtige Wetter für die Blattzeit!«

Nach eineinhalb Stunden Fahrzeit hatten wir die Jagdhütte erreicht und stiegen aus dem Wagen. Eine leichte Brise brachte den würzigen Duft der blühenden Almwiesen zu uns, und tief sog ich dieses herrliche Parfum der Natur durch die Nase in mich ein. Welch ein berauschendes Gefühl! Überall an den Blüten sah man Bienen oder Hummeln, wie sie gierig den süßen, duftenden Blütennektar tranken. Schmetterlinge in allen Farben eilten mit ihren eigenartig schaukelnden Bewegungen über die Wiesen, um sich immer wieder auf einem Stein oder Grashalm niederzulassen. Ringsum zwitscherten die Vögel, und die Sonne lachte von einem tiefblauen Himmel. Eine halbe Stunde lang ruhten wir uns erst einmal schweigend vor der Hütte aus und genossen diesen Bergsommertag.

»Wohin gehen wir?« unterbrach Hermann die herrliche Stille und holte mich aus meinen Träumen zurück.

»Im Finanzerschlag geht ein guter Bock«, erwiderte ich. Wir schleichen diesmal über die Konska-Raun und setzen uns unter die Bäume im Hang zum Schlag. Dort kann uns der Wind nicht verraten, und wir können außerdem sehr gut beobachten.«

»In Ordnung«, gab Hermann sich erwartungsvoll zufrieden. Ich erklärte ihm noch meine neue Waffe, nahm dann meinen Rucksack, und wir zogen einfach die Forststraße entlang los, die langsam, aber stetig anstieg. Am Ende der Forststraße angekommen, stiegen wir durch den Hochwald hinauf, querten die Konska-Raun und suchten uns einen bequemen Platz, von dem wir den Schlag gut einsehen und beobachten konnten. Ungefähr eine halbe Stunde mochten wir so gesessen haben, da bemerkte ich plötzlich einen roten Fleck durch das Farnkraut. Ich drückte mein Jagdglas an die Augen: Da stand tatsächlich ein Bock, ein im Wildkörper starker Bursche.

»Bock rechts unten«, flüsterte ich Hermann leise zu und stieß ihn leicht an.

Gespannt schauten wir beide dem Bock zu. Irgendwann würde er sicher sein Haupt heben, und dann würden wir schon wissen, was er zwischen den Lauschern trug. Wir mußten nur sehr aufpassen. Die Hitze machte uns sehr zu schaffen, und wir schwitzten ordentlich. Durch den Schweiß wurden wieder unzählige Mücken angelockt, die uns vor allem im Gesicht stachen und pausenlos um unseren Mund, die Augen und Nasenlöcher herumschwirrten. Andauernd mußten wir mit der Hand vor dem Gesicht fächern, um sie zu verscheuchen, aber gleich darauf waren die lästigen Biester wieder da.

Der Bock hob sein Haupt.

»Du meine Güte, das ist ja ein kapitaler Sechserbock! Vielleicht eine Spur, ach was, einen Hauch zu jung«, war meine Ansicht.

»Was meinst du, Hermann?« flüsterte ich leise. Beide hatte uns jetzt das Jagdfieber gepackt.

»Ich weiß nicht so recht«, Hermann wiegte den Kopf. »Er ist vielleicht noch ein bißchen zu jung.«

»Ja«, bestätigte ich und schaute mir den Bock noch einmal durch das Jagdglas an. »Einen roten Punkt würden wir zwar nicht bekommen, wenn wir ihn nehmen, aber er könnte sich noch gut zwei Jahre vererben. Aber paß auf, wir machen folgendes: Wir bleiben bis zur Dämmerung hier. Der Bock ist einfach zu gut, er müßte normalerweise bei einer Rehgeiß stehen.«

»Ja«, unterbrach mich Hermann, »oder es gibt noch einen älteren Bock hier im Schlag.«

»Genau«, flüsterte ich weiter, »und der hier ist scheinbar nur geduldet.«

Der Bock bettete sich in der Nähe des Wassers in den hohen Farn, und wir konnten ihn kaum noch mit den Blicken weiterverfolgen.

»Der sucht wohl auch Schutz vor den Mücken«, schmunzelte Hermann.

»Ja, bestimmt.«

Da, plötzlich krachte es uns gegenüber im Schlag. Dorli, meine Dackelhündin, hatte ihren Behang vorgestellt und die Stirn in Falten gelegt. Dabei äugte sie hinauf in die Schlagmitte und holte intensiv Wind. Ein Stück Wild dürfte um eine Fichtengruppe herumkommen. Mit freiem Auge erkannte ich lediglich eine ganz eigentümliche Körperproportion und Größe. Hermann und ich nahmen schnell unsere Jagdgläser hoch und holten tief Luft. Da beschlug ein Rehbock gerade eine Geiß. So was bekam man nicht alle Tage zu Gesicht, und wie aus einem Mund brachten Hermann und ich gleichzeitig hervor: »Das ist der alte Bock!«

Es war ebenfalls ein starker Sechser, aber die Masse des

110

Geweihes war schon mehr nach unten verlagert, und die Enden schienen lang und spitz. Wir hatten also recht mit unserer Vermutung, daß hier neben dem jüngeren noch ein alter Bock streifte.

»Wenn er von der Geiß herunterrutscht, dann schieß«, empfahl ich Hermann. Aber im gleichen Augenblick schob der Bock die Geiß im wahrsten Sinn des Wortes hinter ein Fichtenbäumchen und ließ dann von ihr ab. Man konnte ihm direkt ansehen, wie erschöpft er war. Durch das Bäumchen war er jedoch ziemlich verdeckt, und nur der Träger lugte hervor.

»Ziel auf den Träger«, riet ich Hermann, »die *Bock* schießt du eh ganz präzise, und so weit ist das dorthin nicht!«

Hermann hob das Gewehr, zielte, und schon peitschte der helle Schuß der Bockbüchse über den Schlag. Der Bock sah nur kurz zu uns herüber und rührte sich nicht. Die Geiß sprang ein paar Meter ab in eine mit Farnkraut verwachsene Mulde und begann wieder ganz vertraut zu äsen. Auch der Bock nahm keine Notiz mehr von dem Schuß. Dann bettete er sich sogar hinter dem Bäumchen.

»Mensch, Hermann, den hast du gefehlt!« staunte ich und fragte gleich weiter: »Hast du überhaupt genau am Träger gehalten?«

»Ja«, sagte er, »ich hätte doch nicht schießen sollen, ist doch ein bißl weit dorthin. Der kommt bestimmt hinter dem Fichtenschopf nie mehr heraus!«

»Das kann man nicht sagen«, winkte ich ab, »es braucht bloß die Geiß wieder herauszukommen und…« Ich wollte noch etwas hinzufügen, aber im gleichen Moment zog die Rehgeiß wirklich aus der verwachsenen

Mulde heraus auf die kleine Blöße zu. »Paß auf, Hermann, es geht wieder los!«

Die Geiß näherte sich dem Bock und ermunterte ihn wieder zum Liebesspiel. Wir beide hockten hinter dem dicken Stamm einer Fichte und boebachteten atemlos dieses grandiose Naturschauspiel. Jede Bewegung konnten wir durch unsere scharfen Gläser verfolgen. Nach dem Liebesakt rutschte der Bock von der Geiß herunter und ruhte keuchend auf der winzig kleinen Blöße. Der Lecker hing ihm aus dem Äser.

»Schieß, schnell, jetzt steht er brettlbreit!« forderte ich Hermann auf, »schnell, bevor er sich wieder bettet!«

Hermann schickte einen gekonnten Schuß über den Schlag. Wie von einer mächtigen Faust wurde der Bock herumgerissen und war plötzlich im hohen Gras verschwunden.

»Weidmannsheil!« schrie ich. »Der liegt! Jetzt warten wir noch eine Stunde, wie sich das gehört!«

Aus dem Rucksack holte ich die verdiente Jause heraus und ein Schnäpschen. Nachdem wir uns gestärkt hatten, stiegen wir von der Böschung hinüber in den Schlag und kämpften uns durch meterhohen Farn und Brombeerstauden bis zu den Fichtenbüscheln vor.

»Da irgendwo muß er gestanden sein«, meinte Hermann ungeduldig. »Hier sieht wieder alles ganz anders aus als von dort oben, von wo ich geschossen habe!«

»Das werden wir gleich haben«, beruhigte ich ihn und nahm meine Dackelhündin an die lange Schweißleine. Die suchte eine Zeitlang kreuz und quer, bis sie plötzlich zielstrebig auf die kleine Mulde mit der Fichtendeckung hinzog. Die Leine war gespannt, aber den Hund selbst konnte ich im hohen Farnkraut nicht sehen. Dann wurde die Leine auf einmal schlaff, und Dorli lockte uns mit ihrem Knurren zu sich. Da lag er wirklich: ein guter alter Sechser. Ich rief Hermann, der hinter mir herstieg, herbei, brach einen grünen Zweig und schob ihn dem Bock nach altem Jägerbrauch als letzten Bissen in den Äser. Einen zweiten Fichtenzweig benetzte ich mit dem Schweiß des Rehbocks und überreichte ihn auf meinem Hut dem erfolgreichen Schützen als Beutebruch mit einem herzlichen »Weidmannsheil«. Ein Stückchen von dem Bruch gab mir Hermann nach Jägersitte zurück, und das steckte ich Dorli ins Halsband. Dann hielten wir beide ergriffen die Ehrenwache bei dem toten Recken.

Später, auf dem Heimweg, scherzte ich zu Hermann: »Heute früh hätte ich mir das nicht träumen lassen, daß dieser Tag so erfolgreich enden würde!«

»Ja wirklich nicht«, gab dieser zurück, »aber ich habe dich ja gewarnt, daß ich heute besonders gefährlich bin!«

Wir lachten herzlich, und so klang dieser Tag recht fröhlich aus.

Bock oder Geiß

Eines schönen Tages, in der ersten Septemberhälfte, fuhren Hermann und ich wieder einmal auf die Jagdhütte. Wir hatten schon Tage zuvor den Termin telefonisch vereinbart und freuten uns riesig auf das bevorstehende Jagdwochenende. Um die Mittagszeit kamen wir bei der Hütte an. Jancek war auch da. Zuerst holte ich für jeden ein Bier aus dem Loch, denn dabei plauderte es sich wesentlich angenehmer. Mitten am Nachmittag wurde dann, wie immer, die große Frage gestellt: »Wo wirst du denn hingehen?«

»Ich weiß eigentlich noch nicht so recht«, überlegte ich, »vielleicht gleich unter der Hütte auf den Hochsitz am Felsenkopf. Wo der Hermann hin will, das weiß ich nicht.«

»Der könnte ja hier bleiben, bei der Hütte. Auf dem Almboden vor der Hütte kommt immer ein mickriger Dreierbock heraus, direkt von oben herunter«, schlug Jancek vor und deutete dabei mit dem ausgestreckten Arm über die Almwiese zum angrenzenden Hochwald hin, »den könnte er gleich von hier aus schießen. Was hältst du davon, Hermann?«

»In Ordnung«, sagte dieser, »dann bleibe ich hier, vielleicht klappt es.«

»Gut, dann gehe ich hinunter, unter die Hütte, wie vorgehabt.« Ich leerte mein Bier geschwind, packte meinen Rucksack, nahm das Gewehr und den Hund und machte mich auf den Weg.

Es war ja nicht so weit — 15 Minuten vielleicht. Ein schmaler Steig, wunderbar zu begehen, führte durch den Wald zum Felsenköpfl hin. Ich kam geräuschlos voran, denn der weiche Waldboden dämpfte jeden meiner Schritte. Dorli hatte ich angeleint und das Ende der Leine am Rucksack festgemacht, so daß ich immer beide Hände frei hatte. Dorli hatte sich schon daran gewöhnt, immer links von mir zu gehen, und so hatte ich überhaupt keine Probleme mit ihr. Beim Hochsitz angekommen, lernte ich nämlich gleich die Vorteile eines so kleinen Hundes kennen. Mühelos steckte ich sie in den Rucksack, so daß nur der Kopf oben heraussah. Mit dem Rucksack konnte ich sodann behende die Leiter hinaufklettern. Mit einem größeren Hund hätte sich das nicht so leicht bewerkstelligen lassen, den hätte ich unten auf dem Boden ablegen müssen. Dabei bestand die Gefahr, daß anwechselndes Wild den Hund leicht in den Wind bekam und sofort wieder abdrehte, ohne daß ich es überhaupt zu Gesicht bekommen hätte. Auf dem Hochsitz angelangt, nahm ich den Rucksack ab und stellte ihn auf den Bretterboden. Ich band ihn auf und streifte den Stoff zu Boden, dabei hatte der Hund gleichzeitig eine Art Körbchen, in dem ruhig sitzen blieb. War es nun bitterkalt oder gar einmal windig, dann ringelte sich Dorli meist zusammen und verschwand im gemütlich schützenden Sack. Bei Schönwetter beobachtete sie stets die Umgebung aus dem Rucksack heraus. Dorli und ich hatten für unsere Zwecke also eine Ideallösung gefunden.

Da hockte ich nun und harrte der Dinge. Vor dem Felsköpfl führte ein steiler, steiniger Schlag, bewachsen mit vielen Buchen und Erlen, bergab. Dazwischen fanden sich immer wieder kleine Fichtengruppen. Von hier hatte ich einen guten Überblick auch auf andere, weiter weg liegende Schläge. Der Herbst meldete sich langsam, man merkte es an den sich bereits zu färben beginnenden Blättern der Laubbäume. Auch die Nadelspitzen der Lärchen begannen schon goldgelb zu werden. Die schönste Zeit im Jahr stand mir bevor. Als aufmerksamer Beobachter der Natur sah ich überall im Bergrevier schon ihre Vorboten.

Dorli bewegte sich neben mir am Boden, und ich wandte mich erwartungsvoll zu ihr hin. Nun hatte sie den Hals lang gemacht, den Behang steil nach vorn gestellt und den Kopf leicht geneigt. »Aha, die hört was«, dachte ich mir, aufmerksam geworden.

Ich nahm das Jagdglas und suchte den Schlag ab. Aber ich konnte beim besten Willen nichts wahrnehmen. Natürlich wußte ich, daß der Hund über das weitaus bessere Gehör verfügt als der Mensch und blickte noch einmal zu ihm hin. Dorli starrte unverwandt mitten hinunter in den Schlag. Ich folgte ihrer Blickrichtung und zuckte zusammen. Da stand doch wirklich mitten im Schlag wie angegossen ein Reh und rührte sich nicht. Gut, daß ich auf den Hund geachtet hatte, sonst hätte ich womöglich eine unbedachte Bewegung gemacht, und das Reh wäre erst gar nicht ausgetreten. Ich mußte sehr aufpassen, denn der Hochsitz war ziemlich frei und schlecht verplankt. Vorsichtig nahm ich das Jagdglas an die Augen.

»Aha, eine Geiß!« Mit schier endloser Hingabe tat sie

sich an dem mit Salz durchtränkten Baumstumpf und seinen Wurzeln gütlich. Die Dämmerung brach bereits herein.

»Verdammt, was war denn das?« Durch das Glas konnte ich zwei kleine Höcker zwischen den Lauschern ausnehmen. Dann senkte die Geiß wieder das Haupt in den Schatten der Dämmerung, und ich konnte die Höcker wieder nicht richtig erkennen. Je nachdem, wie das Reh das Haupt drehte, konnte ich durch das schon schwache Licht die kleinen Höcker einmal sehen und dann wieder nicht. Ich war sehr aufgeregt. Wenn das ein Knopfbock war, dann war er fällig, ein richtiger Hegeabschuß, aber nur, wenn es ein Bock war! Noch war ich mir nicht sicher, und es wurde immer dunkler. Was sollte ich machen, einfach auf gut Glück schießen? Nein, ein ehernes Gesetz sagte doch, was man nicht genau erkannte, sollte man auch nicht schießen. Das Reh drehte sich einem schwachen Buchstamm zu und begann ausgiebig die Stirn zwischen den Lauschern daran zu reiben. Wie ein Blitz zuckte es durch mein Gehirn. Das war doch ein Knopfbock! Der fegte seine kleinen Knöpfchen an den Buchenstämmchen. Schnell faßte das Fadenkreuz das Reh, und während der Schuß sich löste, sah ich momentan überhaupt nichts mehr, ich war geblendet vom Feuerstrahl. Nach etlichen Sekunden hatten sich meine Augen wieder an die nun schon beginnende Dunkelheit gewöhnt. Auch Dorli hockte da und äugte aufmerksam in den Schlag hinunter. Sie hatte sich durch den Schuß gar nicht beirren lassen.

Kurze Zeit später stand ich beim Stück. Ja, es war ein Knopfbock, links hatte er ein kleines, geperltes Knöpfchen, rechts ein dünnes, etwa zwei Zentimeter langes

Spießchen — ein ausgezeichneter Hegeabschuß! Jagdgöttin Diana war mir dabei wohl wieder einmal zu Hilfe gekommen. Ich versorgte den Bock, gab ihm den letzten
Bissen und schleppte ihn dann zur Jagdhütte. Dort wurde dieses tolle *Weidmannsheil* mit einer guten Flasche
Rotwein, vielleicht waren es auch zwei — oder . . . pst,
nicht weitersagen, es könnten ja sogar drei gewesen sein
— richtig gefeiert.

Jakob Kogler

Es war ein Tag im Frühling 1972, und die Sonne schien
herrlich vom blauen Himmel. Hermann und ich hatten
vor, Salz im Revier auszutragen. Es lag nicht mehr viel
Schnee, und langsam, aber sicher verlor der Winter den
Kampf gegen die immer stärker werdende Frühlingssonne. Wir hatten Werkzeug und Steinsalz in den Rucksack
gepackt und gingen auf die jugoslawische Grenze zu.
Von dort wollten wir entlang der Grenze unterhalb des
Grates in den *Kleinen Storschitz* einsteigen. Mein Dackel
Dorli war natürlich auch dabei. Darauf achtete ich ganz
besonders, daß der Hund bei allen meinen Aufenthalten
im Revier mitkam. Nur so konnte er lernen, wie er sich
im Revier zu verhalten hatte.

Weil wir die Absicht hatten, im steilen Kar für die
Gams eine Salzlecke zu bauen, stiegen wir durch immer
lichter werdendes schwaches Holz hinauf. Überall auf
dem Boden entdeckten wir Gamslosung. Dann stießen
wir sogar auf einen Gamswechsel, auf dem wir weiter-
stiegen. Dorli schwänzelte dauernd vor mir her. Ich rief

sie zwar immer wieder zurück, aber das nützte wenig. Anhängen wollte ich sie hier auf diesem vielleicht 40 Zentimeter breiten Gamswechsel nicht, also ließ ich ihr den Willen, nahm mir aber vor, sobald wir wieder unten waren, sie ordentlich zurechtzuweisen. Aber wie so oft im Jägerleben sollte einmal mehr der Zufall dafür sorgen, daß dies gar nicht nötig wurde. Wir befanden uns schon im Latschengebiet, in dem wir uns äußerst vorsichtig bewegten, denn rechts von uns ragten die Felsen, mit Latschen und Gräsern, Moos und Flechten bewachsen, steil in die Höhe, und links fiel ein steiler, steiniger, teilweise mit Moos bewachsener Abhang fast senkrecht hinunter. Vereinzelt lagen große Felsbrocken wie hingestreut auf dem Steig. Der Hang mochte wohl circa 40 Meter hinunterreichen und endete in einer dicht mit Latschen ausgefüllten, ungefähr fünf Meter breiten Mulde. Danach ging es mindestens 80 Meter weiter senkrecht in die Tiefe. Wir genossen einen herrlichen Blick nach Jugoslawien. Die Steiner Alpen waren noch tief verschneit.

Hermann hob die Hand und sagte: »Schau, dort am Rande des Kars stehen einige verkrüppelte Föhren, und siehst du den großen Baumstumpf? Der wäre ideal für eine Salzlecke.«

Ich blickte mit dem Jagdglas über das Kar hin: »Ja, ein guter Platz. Der Wechsel führt ohnedies an dem Baumstumpf vorbei.«

Da rollten plötzlich über uns — von abspringenden Gamsen losgetreten — ein paar Steine herunter. Einer dieser Steine, ungefähr faustgroß, kollerte direkt auf Dorli zu, die wie immer vorwitzig vor uns herlief. Er schlug direkt vor ihren Vorderpfoten auf dem Boden auf, vielleicht hat er sie auch ein bißchen gestreift. Jedenfalls sprang der Hund erschrocken zur Seite und fiel ins Leere. Dorli überschlug sich den ganzen Abhang hinunter bis in die kleine Mulde. Dort fiel sie in die Latschen, weich wie in ein Federbett. Nur zwei Meter weiter über den senkrechten Steilhang nach der Mulde hätte es für sie keine Rettung mehr gegeben! Nicht auszudenken! Eine halbe Stunde warteten wir geduldig, bis Dorli sich wieder zu uns auf den Gamswechsel heraufgekämpft hatte. Von diesem Augenblick an trottete sie schön artig ein paar Schritte hinter mir.

Bedächtig querten wir jetzt den steilen, felsigen Hang, dann waren wir bei dem Baumstumpf angelangt. Dort hielten wir erst einmal Rast, bevor wir uns an die Arbeit machten. Aber es war mehr oder weniger ein Herumwerkeln als ein professionelles Arbeiten. Mit viel Ach und Weh wurde endlich eine Salzlecke daraus. Wir schwitzten wie verrückt, und das Stehen im steilen, steinigen Gelände krampfte gehörig in den Waden. Als wir dann wieder sicher auf der Forststraße angelangt waren, sagte ich zu Hermann: »Weißt du, für solche Arbeiten müßte man eigentlich einen Zimmermann oder Tischler anheuern. Auch beim Hochsitzbau wäre so ein Handwerker ideal.«

»Ja«, antwortete Hermann, »ich habe auch schon daran gedacht. Ich hätte da sogar jemanden im Auge.«

»Tatsächlich?« fragte ich, neugierig geworden, »wen denn?«

»Meinen Schwager«, berichtete Hermann stolz, »der ist auch Heeresbeamter, so wie ich, aber von Beruf gelernter Tischler und Jäger auch noch dazu!«

»An der Hütte wäre ohnehin wieder etwas zu richten.

Was hältst du von der Idee, ihn einmal anzureden?« fügte er hinzu.

»Die Idee finde ich herrlich.« Ich war sofort begeistert. »Wir werden gleich mit Jancek darüber sprechen!«

Bei der ersten Gelegenheit brachten wir Jancek unseren Plan vor, und dieser war auch gleich einverstanden: »Bringt ihn nur mit«, freute sich Jancek, »das Revier ist groß genug und verkraftet leicht noch einen Jäger.«

Hermann und ich ließen nicht viel Zeit verstreichen. Schon eine Woche später fuhren wir bereits zu dritt auf die Hütte. Jancek war gerade dabei, die Hütte mit Holzimprägnierung zu streichen. Wir stellten ihm Jakob vor, und der konnte sein handwerkliches Geschick beim Pinseln gleich unter Beweis stellen.

Jakob entpuppte sich im Laufe der Zeit als eine wahre Bereicherung für das Revier. Zwischen uns beiden entwickelte sich eine herzliche Freundschaft, und heute, fast 20 Jahre später, ziehen wir noch immer gemeinsam unsere Fährten durch das schöne, weite Jagdrevier. Das war also Jakob, mein zweiter Jagdkollege.

Hirsch — Bock — Kalb

Anfang Oktober beschlossen Hermann, Jakob und ich, ein verlängertes Wochenende auf der Jagdhütte zu verbringen. Bereits am Donnerstag fuhren wir los, und laut Wetterbericht durften wir mit sonnigem Herbstwetter rechnen. Um die Mittagszeit waren wir auf der Hütte angelangt, und nachdem wir uns ein bißchen eingerichtet hatten, setzten wir uns auf der Veranda in die Sonne.

Es herrschte ein richtiger Altweibersommer. In der Früh und gegen Abend war es schon merklich kühler, aber tagsüber hatte die Sonne noch so viel Kraft, um eine wohlige Wärme auszustrahlen. Für eine gute Hirschbrunft schien es viel zu warm, dabei waren noch etliche Tiere und Kälber und sogar ein 2b-Hirsch frei. Beim Rehwild war der Abschuß noch nicht erfüllt, auch Geißen und ein 2-Bock lockten noch.

Nach der Abendpirsch fanden wir drei uns wieder auf der Hütte, aber die Stimmung war nicht gerade rosig, denn keiner hatte etwas gesehen oder gar irgendwo einen Brunftschrei gehört.

»Die Brunft ist sicher schon vorbei oder geht dem Ende zu«, murmelte ich, »ein paar Tage, schätze ich, werden die Hirsche die Rudel noch in den Gräben zusammenhalten, dann aber langsam auflösen. Das Rotwild wird dann wieder herumzotteln und zu jeder Tageszeit im Revier zu sehen sein. Gerade die Hirsche, die während der Brunft kaum Nahrung aufnehmen, weil sie mit der Sicherung ihres Rudels rund um die Uhr beschäftigt sind, werden sich jetzt erst einmal wieder richtig den Pansen füllen. Wenn wir also Glück haben, kann einer von uns dreien vielleicht sogar mit einem guten Hirsch zusammenkommen!«

»Ja, das ist alles möglich«, meinte Hermann.

Der zweite Tag verging ebenfalls, ohne daß irgend etwas erlegt worden war. Alles schien wie verhext. Keine frische Fährte im Revier, nichts zu hören, nichts zu sehen, als ob es hier überhaupt kein Wild gäbe. Wir saßen gemütlich in der Hütte beisammen. Am nächsten Tag wollten wir am Vormittag noch einmal jagen und dann am Nachmittag die Hütte aufräumen und gegen Abend heimfahren. Obwohl es bis zu diesem Tag noch nicht so gelaufen war, wie wir uns das vorgestellt hatten, waren wir dennoch zum Spaßen aufgelegt. Wir gestalteten einen zünftigen Hüttenzauber. Aus den mitgebrachten Kassetten im Transistorradio klangen Volks- und Jagdlieder, und wir drei sangen lautstark und kräftig mit. Und nachdem man vom Singen einen trockenen Hals bekam, sprachen wir auch genüßlich dem Wein zu, der immer

in ausreichender Menge im Loch lagerte. Gegen zehn Uhr schauten dann sogar noch zwei Zöllner bei uns vorbei, die gerade auf dem Weg zu ihrer Zollhütte waren. Sie rochen unseren Hochbetrieb und kehrten ein. Dann ging es natürlich erst richtig los. Witze wurden zum besten gegeben, und fröhliches Lachen erfüllte den Raum. Hermann, der gerade einmal austreten mußte, kam von draußen herein, blieb in der Tür stehen und stellte grinsend fest: »Burschen, draußen ist es sternenklar. Ich glaube, euch hört man bis hinauf zur jugoslawischen Grenze!«

Na ja, kein Wunder, es waren ja nur 250 Meter bis dorthin. Die Stunden verflogen, und um zwei Uhr früh etwa fielen wir — von legen konnte keine Rede sein — in die Betten. Wir hatten wieder einmal *vernichtend* zugeschlagen. Zu Hause, im Betrieb oder Büro, konnten wir uns so etwas nicht leisten, vor allem wenn man am nächsten Tag arbeiten mußte. Da mußte man schließlich immer gute Figur machen und Vorbild sein. Aber hier oben konnten wir aus unserer engen Zivilisationshaut heraus und in den weiten Mantel der ungezwungenen Freiheit schlüpfen. Ich verfiel sofort in einen tiefen, traumlosen Schlaf.

Um halb sechs Uhr früh wurde ich munter. Drückende Kopfschmerzen waren es, die mich aus dem Schlaf gerissen hatten. Ich konnte nicht mehr liegenbleiben und richtete mich auf, vielleicht würde das Rasen im Kopf dann aufhören. Hinaus in die frische Luft, das war bestimmt das beste! Ich zog mich an und schleppte mich vor die Hütte. Draußen war es noch dunkel. »Es ist ein bißchen kühler geworden«, murmelte ich zu mir selbst. Ich stapfte hinunter zum Bach und hielt den Kopf unter das eiskalte Wasser. Wie wohl das tat! Dann sog ich die frische, kühle Morgenluft tief in meine Lungen ein. Der Schädel brummte noch etwas. Kein Wunder, dachte ich, hast ja auch gesoffen wie ein Pferd! Aber im großen und ganzen ging es mir nicht schlecht. Und damit mein Kopf wieder ganz klar würde, entschloß ich mich kurzerhand, einen bewaffneten Alkoholverdunstungsspaziergang zu machen. Ich trat wieder in die Hütte und streifte meinen Jagdrock über. Dann nahm ich Hund und Waffe und fragte so nebenbei in den Raum hinein, ob meine beiden Freunde mit wollten. Als Antwort hörte ich jedoch nur ein tiefes Schnarchen. Na ja, die beiden hatten ja auch ein bißchen mehr inhaliert als ich, darum ließ ich sie weiterdösen.

Mit meiner treuen Dorli als Begleitung zog ich hinunter zur Forststraße und pirschte langsam Richtung Hirschenkogel. Das waren zwei Bergkogel: Am Fuße der beiden führte, teilweise durch den Wald, ein alter mit Gras verwachsener Weg rund um den einen Kogel herum. Auf der Rückseite dieses Kogels befand sich ein guter Schlag, vielleicht zwei Meter hoch mit Fichten und Laubjungholz bestockt. Dieser Schlag war mein Ziel. Auf dem weichen Boden des Weges konnte man geräuschlos hineinpirschen. Ich blieb stehen und lauschte. Nichts war zu hören. In der Kurve des Weges, knapp vor dem Schlag hielt ich inne, denn da, etwas weiter vorn, bot eine alte Schirmfichte idealen Platz zum Hineinsetzen und Beobachten. Langsam wurde es hell, und ich konnte schon recht gut einsehen. Leise und ganz bedächtig pirschte ich aus der Kurve hinaus, hielt mich aber hart an der Wegböschung, um etwas Deckung zu haben, und um zur Fichte zu gelangen. Dann blieb ich wie angewurzelt stehen. Ja, jetzt hörte ich es deutlich; öh, öh, öh kam es in kurzen Abständen an mein Ohr. Mir wurde auf einmal siedend heiß, denn diese Laute kannte ich nur zu gut: Da knörte ein Hirsch. Nur ein paar Schritte weiter wäre ich bei der Fichte und könnte den Schlag einsehen! Vorsichtig ging ich in die Hocke, nahm das Gewehr ab und legte es sachte auf den Boden. Auch den Rucksack nahm ich ab. Warnend deutete ich mit erhobenem Zeige-finger meinem Dackel und flüsterte ein fast nur ge-hauchtes »Platz«. Dorli legte sich sofort auf den Ruck-sack. Auch sie mußte den Hirsch schon gehört und in den Wind bekommen haben. Der Wind strich nämlich von oben herunter auf den Weg, und am ganzen Gehabe des Hundes merkte ich, daß er Wild in der Nase hatte. Aber noch konnte ich den Schlag nicht einsehen. Ich malte mir aus, wo der Hirsch stehen würde, gleich ober-halb der Wegböschung oder ganz oben irgendwo im Schlag? Deshalb hatte ich Dorli schon einmal abgelegt, um beweglicher zu sein. Nun nahm ich mein Jagdge-wehr wieder vom Boden auf und hing es über meine Schulter. Mittlerweile war es heller Tag geworden. Be-dächtig schlich ich Schritt für Schritt vor, so daß ich ei-nen Teil des Schlages einsehen konnte. Und wirklich, da stand auch schon ein Rottier auf etwa 80 Meter oben im Schlag. Aber wo blieb der Hirsch? Mit dem Jagdglas suchte ich ihn. Ja, das war ein starkes Tier. Dann ent-deckte ich auch den Hirsch, der etwa zehn Meter ober-halb des Tieres quer über den Schlag dem Hochwald zu-trottete. Ich war so aufgeregt, daß ich das Glas kaum hal-ten konnte. Mir war gleich klar, daß es ein älterer Hirsch war, ein Achter, spitze weiße Enden, nicht besonders stark, und die Geweihmasse schon mehr nach unten ver-lagert. Ein 2b-Hirsch, wie er im Bilderbuche stand. »Den mußt du schießen«, dachte ich, gleich einem Be-fehl.

Sofort nahm ich das Gewehr von der Schulter und hat-te vor, über den Bergstock dem Hirschen die Kugel hochblatt anzutragen, denn er stand wunderbar breit. Ich hatte nur noch Augen für den Hirschen, denn das wäre mein erster gewesen. Vor lauter Aufregung um den Hirsch hatte ich das Tier in der Nähe total vergessen. Und dieses Tier war sehr aufmerksam. Es hatte meine Bewegung, mit der ich das Gewehr von den Schultern streifte, eräugt, mahnte ein-, zweimal, flüchtete den Schlag hinauf und war auch schon verschwunden. Zugleich kam auch Bewegung in den Hirsch, der flüchtete quer über den Schlag und verhoffte am Waldrand. Ich stand mitten auf dem Weg, vollkommen frei und ohne die geringste Deckung, der Hirsch stand jetzt schräg und äugte zurück. Jeden Moment konnte er im Wald verschwinden, denn schon war er halb verdeckt von jungen Fichten. Auf das Blatt konnte ich nicht mehr zielen, als einzige Möglichkeit blieb mir noch ein Trägerschuß. Dann machte er wieder ein paar Schritte und stand schon zwischen den ersten Bäumchen im Wald. Ich hob das Gewehr, strich am Bergstock an und setzte das Fadenkreuz mitten auf den Träger. Sollte ich treffen, würde der Hirsch im Feuer sicher niederbrechen, sollte der Hirsch aber nach Abgabe des Schusses auf den Träger flüchtig abgehen, dann konnte ich nur glatt gefehlt haben. Das waren die Überlegungen, die mich zum Trägerschuß bewogen.

Der Schuß hallte donnernd durch die morgendliche Stille des Bergreviers und ging leider völlig daneben. Aber die Reaktion des Hirsches war eigenartig. Er flüchtete nicht in den schützenden Hochwald hinein, sondern heraus in den Schlag, wo er vorhin mit dem Tier gestanden hatte, vollkommen frei thronte er jetzt da und äugte zu mir herunter. Nun durfte ich natürlich keine Zeit mehr verlieren, blitzschnell repetierte ich und trug dem Hirschen die Kugel hochblatt an. Im Zielfernrohr verfolgte ich noch mit, wie der Hirsch zusammenzuckte. Dann flüchtete er schräg über den Schlag hinauf und war gleich darauf über die Kuppe in der dahinterliegenden schmalen Waldschneise verschwunden. Alles was ich noch vernehm war ein lautes Krachen von trockenen Ästen, dann herrschte unheimliche Stille. Eines war sicher, der Hirsch hatte Schuß. Um zur schmalen Schneise zu gelangen, mußte ich wieder um den Kogel herumgehen. Aber erst einmal wollte ich warten, denn bei Rotwild, noch dazu bei einem Hirschen, mußte man vorsichtig sein, da durfte man nicht zu früh nachsuchen. Und vor allem mußte ich meine Aufregung erst einmal abklingen lassen. Ich ging zurück zum Hund und setzte mich nieder. »So, jetzt bleiben wir eine halbe Stunde hier sitzen!« sagte ich zu Dorli, die mich mit schiefem Kopf von unten her anblickte.

Meine Spannung legte sich, und ich ließ den ganzen Morgen noch einmal vor mir Revue passieren: das Aufwachen mit brummendem Schädel, den Pirschgang hierher, das Knören des Hirsches, den Anblick erst des Tieres, dann des Hirsches, die Flucht des Tieres, dann des Hirsches und schließlich den Fehlschuß auf den Träger, den in den Schlag hereinspringenden Hirschen und zuletzt den Schuß hinters Blatt. Nagende Zweifel kamen in mir auf. Am Ende hatte ich ihn doch gefehlt? Alle meine Gedanken und die Unsicherheit kämen einem *Eingeweihten* sicher verständlich, und er würde in diesem Moment mit mir mitfühlen. Die halbe Stunde war bald um, ringsum zwitscherten die Vögel und auch die Sonne blinzelte schon hervor. Um mich herum schien es so, als wäre nichts geschehen. Ich nahm meinen Rucksack auf die Schultern, hing die Büchse um und machte mich mit dem Hund raschen Schrittes in die Richtung hinter dem Kogel auf, in die der Hirsch verschwunden war. Vielleicht lag er gar hinten in der Schneise? Sie war ungefähr 80 Meter hoch, vor Jahren hatte man hier wohl geschlägert, das konnte man noch an einigen großen trockenen Reisighaufen feststellen. Ganz oben rechts, da muß der Hirsch vom Schlag hereingewechselt sein, da befand sich eine kleine Mulde, die man von der Forststraße hier unten schlecht einsehen konnte. Nur ein paar trockene Äste aus einem riesigen Reisighaufen ragten in die Luft. Ich überflog die Schneise noch einmal mit dem Jagdglas. Nichts! Kein Hirsch war zu sehen. »Verdammt«, schimpfte ich mich selbst, »hab ich ihn doch gefehlt?«

Dann schlich ich rasch, aber leise den Stichweg hinaus auf die Forststraße. Jedoch nirgendwo rumpelte ein Stück vor mir weg.

Zusammengezuckt war er nach dem Schuß, oder habe ich mich in der Aufregung getäuscht? Meine Zweifel ließen mir keine Ruhe. Aber dann beschloß ich, zuerst einmal zur Jagdhütte zurückzukehren und gemütlich zu frühstücken. Dann konnte ich immer noch mit dem Hund nachsuchen.

Nach 20 Minuten strengen Marsches war ich bei der Hütte angelangt, polterte über die hölzerne Veranda und riß die Tür auf. Da war noch alles ruhig.

»Auf, auf, Burschen!« rief ich in den Raum hinein, »ich habe auf einen Hirschen geschossen!«

Die beiden fuhren auf.

»Was?« Hermann war plötzlich putzmunter. »Bist du narrisch?«

»Ja!« sagte ich. »Nur weiß ich nicht, ob ich getroffen habe.«

»Wir müssen auf jeden Fall nachschauen!« sagte Hermann.

»Ja, sicher, kommst du mit?« forderte ich einladend auf.

»Na klar«, Hermann war sofort bereit.

»Und ich werde inzwischen das Schlachtfeld hier aufräumen und Frühstück machen«, bot sich Jakob an.

»Das ist ein Wort«, schmunzelte ich und ließ meinen Blick eine Runde durch den Raum schweifen.

Hermann machte sich blitzschnell fertig, schnappte sein Gewehr, und schon waren wir auf dem Weg zum Schlag unter dem Hirschenkogel. Auf dem Weg erzählte ich Hermann die ganze Geschichte mit dem Hirsch.

»Das ist ja unglaublich!« staunte er. »Nach alldem, was du mir jetzt erzählt hast, hat er bestimmt einen Schuß.«

Dann gelangten wir zur Abzweigung der Forststraße, von wo der alte Stichweg zum Hirschenkogel hineinführte. Hier bleiben wir einen Augenblick stehen.

»Hast du geladen?« fragte ich Hermann. »Man kann ja nie wissen.«

»Na klar«, beruhigte er mich.

Sodann pirschten wir langsam und leise den mit Gras und Moos bewachsenen Stichweg hinein, vorbei an der schmalen Schneise und rund um den Kogel herum. Der Boden fühlte sich hier sehr weich und erdig an. Links und rechts des Weges war noch Wald. Nur noch ein paar Schritte, dann würden wir aus dem schützenden Wald heraustreten und zum Schlag gelangen. Mit freiem Auge konnten wir feststellen, daß kein Stück Wild in der Nähe war. Dann erklärte ich Hermann, wo das Tier und der Hirsch gestanden hatten, dabei bemühte ich mich gar nicht mehr, leise zu sprechen: »Da ist der Hirsch dann zwei Hunde zur Verfügung. Wir werden das Stück schon bekommen! Morgen früh, nach der Pirsch, werden wir nachsuchen!« Etwas hinterhältig fügte ich noch hinzu: »Weißt du was, Norbert, ich bin gespannt, ob das Tier einen Ausschuß hat.«

»Aber ich weiß ja gar nicht einmal, ob ich überhaupt getroffen habe«, stotterte Norbert daraufhin.

Am nächsten Morgen begaben wir uns wie geplant nach der Frühpirsch hinunter auf die Wiese. Mit freiem Auge konnten wir von der Forststraße aus das Tier liegen sehen. Ganz unten, am Rande der Kultur. Und — um es gleich vorweg zu nehmen — es gab keinen Ausschuß!

Da es sich um das erste Stück Rotwild handelte, das Norbert geschossen hatte, schrieb ich folgende Zeilen in mein Tagebuch:

Am achten November hat es gekracht
gerade dort, wo er noch nie Trester hat hingebracht!
Der Schuß, spät abends, war nicht grad brillant,
doch tat er seine Schuldigkeit:
Das Rottier wurde nach kurzer Flucht zu Boden gebannt.
Für die Hunde am nächsten Morgen
war die Suche eine gute Übung zur Beil!
Jakob und Fredi sagen herzlich Weidmannsheil!

»Ich werde jetzt mit Dorli die Nachsuche nach dem Hirschen aufnehmen«, sagte ich zu Hermann.

»In Ordnung«, meinte dieser, »und ich werde sicherheitshalber zurückgehen und die schmale Schneise auf der Rückseite des Hirschenkogels im Auge behalten.«

Ich stieg mit Dorli hinauf zum Anschuß, den ich mir genau gemerkt hatte. Direkt links neben der verkrüppelten Fichte lag ein großer weißer Felsbrocken. Da hatte der Hirsch gestanden, als ich ihm den Schuß antrug. Ich streifte den Rucksack ab und ließ Dorli erst einmal Platz nehmen. Dann untersuchte ich den Anschuß. Aber sosehr ich mich auch bemühte, ich konnte einfach nichts wahrnehmen, keinen Tropfen Schweiß, kein Schnitthaar, einfach nichts. Dann kehrte ich zu Dorli zurück, nahm die lange Schweißleine aus dem Rucksack, streifte ihr die breite Schweißhalsung über und führte den Hund zum Anschuß.

»Such Dorli, such das Hirscherl!« befahl ich.

Dorli begann sofort mit tiefer Nase den Anschuß abzusuchen. Bei dem weißen Felsbrocken bohrte sich ihre Nase förmlich in den Boden, und dann begann sie zielstrebig den Hang hinaufzuziehen.

»Das könnte die Richtung sein«, dachte ich. Der lange Schweißriemen straffte sich, und die Hündin zog unbeirrt schlagaufwärts. Ich begann zu frohlocken. Wenn der Hund so weiterzog, kam er genau in die schmale Schneise hinein, in die hinein auch der Hirsch verschwunden war. Und genau dort zog Dorli hinein! Unten am Weg konnte ich Hermann sehen, der für alle Fälle mit schußbereiter Büchse wartete. Dann zog Dorli in einen kleinen Boden, wo ein großer Reisighaufen lag, die Leine wurde wieder schlaff, und der Hund stand und knurrte den Holzhaufen an. Jetzt sah ich auch den Hirsch, er lag mitten in dem Holzhaufen, kaum zu sehen. Die Geweihstangen hätte man aus größerer Entfernung von den trockenen Ästen, die da überall herausragten, gar nicht unterscheiden können.

»Weidmannsheil!« Ich stieß einen Juchzer aus, der nur so hallte. »Da liegt er, Hermann!«

Mein erster Hirsch lag vor meinen Füßen. Hermann eilte durch meinen Schrei angelockt sofort herbei, und beide zogen wir den Hirsch durch die Schneise hinunter auf den Stichweg. Dort holten wir noch den Rehbock heraus und legten ihn daneben. Dann hielten wir, dem jagdlichen Brauchtum zufolge, Totenwache bei Hirsch und Bock. Nun hatten wir aber ein kräftiges Schluckerl aus dem Jagdflascherl verdient. Mit einem frohen »Weidmannsheil!« prosteten wir einander zu.

»So, und jetzt geht's an die rote Arbeit!« Hermann rieb sich die Hände.

»Ja«, bekräftigte ich.

Nach einer guten halben Stunde hatten wir die beiden Stücke versorgt, jedem den letzten Bissen in den Äser gesteckt und den Inbesitznahmebruch hinaufgelegt. Dann eilten wir frohen Mutes zurück Richtung Jagdhütte.

»Wir werden Jancek Bescheid sagen, dann kann er mit dem Unimog die beiden Stücke holen«, schlug ich Hermann unterwegs vor.

»Das wird wohl das beste sein«, stimmte mir dieser zu.

Bei der Hütte angelangt, rief uns Jakob schon entgegen: »Ja, wo bleibt ihr denn so lange?«

»Bei uns war ganz schön was los«, erklärte ich und erzählte unser Erlebnis, zuerst von Hermanns Bock und dann von meinem Hirschen.

»Mensch, das ist ja toll!« Jakob war begeistert: »So etwas gibt es auch nicht alle Tage.«

»Da hast du wohl recht«, riefen Hermann und ich zugleich.

Es war nun schon längst Mittag vorbei, und wir ließen uns vor der Hütte in der Sonne nieder. Die Jause schmeckte uns jetzt doppelt so gut, schließlich war sie Frühstück und Mittagessen zugleich. Erst um zwei Uhr erhoben wir uns wieder.

»So«, beschloß ich, »ich glaube, wir werden jetzt die Hütte aufräumen, Geschirr abwaschen und dann langsam abfahren.«

»Wißt ihr was«, schlug Hermann vor, »das könnt ja ihr beide machen, sonst sind wir uns nur gegenseitig im Weg, wenn wir alle drei in der Hütte herumfummeln.«

Jakob und ich lachten, weil wir wußten, daß Hermann vom Geschirrspülen nicht viel hielt.

»In Ordnung«, stimmte ich zu, »was wirst du dann tun, Hermann?«

»Ich werde langsam die Forststraße hinunterwandern und unten beim Gasthof auf euch warten. Da kann ich Jancek gleich berichten, daß er den Hirsch und den Bock holen soll. Solltet ihr mich aber noch vorher einholen, dann fahr ich mit euch weiter!«

»Gut, dann machen wir es so!«

Hermann packte seine Sachen, schulterte Rucksack und Gewehr und marschierte los. Jakob und ich teilten uns den Hüttendienst. Nach einer Stunde hatten wir alles fertig und luden unsere Rucksäcke ins Auto. Plötzlich hörten wir einen Schuß und blickten einander erstaunt an. Wie aus einem Mund riefen wir: »Das war Hermann!«

So weit konnte er doch noch gar nicht gewesen sein, vielleicht irgendwo bei der Leitgebhütte.

»Weißt du was«, schlug ich Jakob vor, »wir warten noch eine halbe Stunde, dann fahren wir langsam mit dem Auto hinunter.«

Gemütlich stellten wir unsere Stühle vor die Hütte und warteten. Die halbe Hütte lag schon im Schatten, und wir mußten der Sonne stets etwas nachrücken. Dann hörten wir jemanden den steinigen Weg zur Hütte heraufschnaufen. Es war Hermann.

»Was ist los?« riefen wir ihm entgegen.

»Ich habe ein Kalb geschossen!« kam es freudestrahlend zurück.

»Wirklich?«

»Ja, stellt euch vor, ich pirsche ganz vorsichtig die Straße hinunter, da wechselt vor mir bei der Leitgebhütte ein ganzes Rudel Rotwild vom Graben herauf in den Leitgebschlag hinein. Ich steige die Böschung hinauf, vor mir das ganze Rudel im Schlag. Dann hab ich das Kalb geschossen. Als ich noch das Tier schießen wollte, hatte ich Ladehemmung, ich habe die leere Patronenhülse einfach nicht herausgebracht. Fast zwei Minuten lang stand das ganze Rudel noch im Schlag. Die haben gar nicht mitgekriegt, woher der Schuß kam. Erst dann sind sie abgesprungen.«

Wir führten einen Freudentanz auf. »Weidmannsheil, Hermann!« So hatten wir an einem Tag Hirsch, Kalb und Bock erlegt. Ein Jagdtag, der einem Fürsten würdig gewesen wäre, ging bei einem traumhaften Abendrot zu Ende.

Die eigene Jagd

Es war 1976 im Juni. Hermann, Jakob und ich trafen uns nach einer langen Abendpirsch im Gasthof unseres Freundes Jancek. Seit einigen Wochen war auch Anton, Janceks Bruder, wieder im Lande. Wir lehnten in der kleinen, aber sehr gemütlichen Hausbar an der Theke und löschten unseren Durst mit einem herzhaften Offenen.

»Der Anton wird hier den Hof mit dem Gasthaus übernehmen«, verkündete ich Hermann und Jakob, »und ich glaube schon recht bald, denn die Eltern wollen endlich in den verdienten Ruhestand treten!«

»Hast du schon was gehört?« fragte Jakob.

»Nein, nichts Genaues, aber es kann sich nur noch um ein paar Monate handeln.«

»Und was wird mit der Jagd hier?« fragte Hermann weiter.

»Ich weiß es nicht. Aber das wird man uns bestimmt noch rechtzeitig mitteilen.«

Genauso sollte es sein.

Wir unterhielten uns gerade recht angeregt, als Anton zur Tür hereinkam. Ich kannte ihn schon sehr gut, hatte ich doch etliche Jahre meiner Kinderzeit fast Tür an Tür mit der Familie gewohnt und allerhand Streiche mit den Brüdern ausgeheckt. Dementsprechend herzlich war nun auch die Begrüßung.

»Hallo«, rief Anton, als er uns an der Theke erblickte, »gut, daß ich euch treffe, ich muß etwas mit euch besprechen! Habt ihr Zeit?«

»Ja freilich«, antworteten wir.

»Wir fahren heute nicht mehr nach Hause«, fügte ich hinzu.

»Na um so besser!« Anton war erleichtert. »Dann könnt ihr ja noch etwas trinken!«

»Aber sicher wollen wir, wir müssen nur schauen, daß wir dann noch zur Hütte hinauf gelangen«, sagte ich schmunzelnd. »Worüber willst denn mit uns reden? Über deinen guten Wein im Keller?«

Dann stimmten alle in ein herzhaftes Lachen ein.

»Nein, müßt ihr immer nur ans Trinken denken?« wehrte Anton ab. »Ich möchte mit euch über die Jagd reden!«

»Über die Jagd?« zog ich fragend die Stirn in Falten.

Wir wußten nämlich, daß Anton zwar die Jagdprüfung hatte, aber kein Jäger war.

»Ja«, bestätigte er nochmal, »über die Jagd. Der Besitz wird nämlich zwischen meinem Bruder Jancek und mir aufgeteilt. Die Verträge sind bereits fertig. Dann wird es zwei Jagden geben. Daher möchte ich euch fragen, ob ihr bereit wäret, mein Revier zu übernehmen und zu bewirtschaften.«

»Ja, aber was wird Jancek dazu sagen?« fragte ich verblüfft.

»Dem macht das nichts aus«, wehrte Anton mit einer Handbewegung ab. »Schau, er hat sowieso genug Jäger oben. Ihr könntet schalten und walten, als ob es euer Eigentum wäre. Ich werde heiraten, nach Wien übersiedeln und dort bleiben.«

»Das hört sich sehr verlockend an«, sagte ich nach einer kurzen Pause, »aber bedenke einmal, Anton, wir bräuchten dann auch eine Jagdhütte, denn ohne einen Unterstand könnten wir hier oben nicht jagen.« »Die

Hütte ist da, unter der Kirche die alte Leschi-Keusche. Na, was ist?« Anton wiederholte sein Angebot noch einmal. »Wollt ihr oder wollt ihr nicht?«

Da gab es kein Zaudern mehr.

»Ja, wir machen mit!« brachte ich nach kurzem Überlegen vor.

Diesen Schritt haben wir bis heute nicht bereut. Seit diesem schicksalshaften Juniabend sind wir Herren über eine 212 Hektar große, wunderschöne Eigenjagd.

Die Jagdhütte

Nachdem wir nun die Verantwortung über eine große Eigenjagd hatten, überlegten wir, wo wir unser künftiges Jagddomizil aufschlagen sollten. Nach Antons Meinung sollten wir die alte Leschi-Keusche herrichten. Wir beschlossen, uns diese Keusche erst einmal anzusehen. Was wir da alles sahen, ließ uns jedoch erschaudern, bei realistischerer Betrachtung und Berücksichtigung verschiedener Punkte jedoch wieder frohlocken. Es handelte sich bei der Keusche um ein uraltes, ziemlich verkommenes und desolates Bauernhaus. Die Räume lagen alle ebenerdig, mit einem Dachboden darüberliegend. Es gab eine große *Lab'm* (= eine Art Vorhaus) und anschließend eine Rauchkuchl, in der man früher einmal das Fleisch haltbar gemacht hatte. In einer Ecke davon befand sich der alte Backofen, der früher tatsächlich zum Brotbacken diente. Links neben der Lab'm wohnte in einem großen Wohnraum und einem kleinen Schlafraum der alte Leschi, nach dem die Keusche auch benannt wurde. Rechts neben der Lab'm gab es noch einen größeren und einen kleineren Raum, die wir für unsere Zwecke herrichten konnten.

»Den großen richten wir als Wohnraum mit Kochmöglichkeit und den hinteren, kleineren als Schlafraum her«, schlug Jakob vor.

»Ja, das ist gut«, meinten Hermann und ich zustimmend, »da haben gerade zwei Stockbetten und ein Kasten Platz. Mehr brauchen wir ohnedies nicht.«

Die Räume waren in einem katastrophalen Zustand, es gab keinen Boden, die Wände waren nicht verputzt, die rohen und noch dazu buckligen Steine schauten rundum hervor. Der Plafond bestand aus Brettern, die mit einer Art Lehm verschmiert waren, und wenn man genauer hinsah, konnte man durch etliche Risse und Löcher sogar in den Dachboden blicken. Das würde viel Arbeit geben. Darüber waren wir uns im klaren. Aber wir sahen auch einige Vorteile. Das Haus lag z.B. direkt neben der Straße und war damit immer, also auch im Winter, mit dem Auto zu erreichen. Noch dazu gab es im Haus einen Stromanschluß. Und vor dem Haus, etwa fünf Meter entfernt, lief durch eine Holzrinne das Wasser in einen großen Holztrog. Nicht zu verachten das alte Plumpsklo hinter der Keusche. Wir hatten also alles, was man sich bei einer Hütte wünschen konnte. Damit beschlossen wir, die Hütte zu nehmen und sie für uns umzubauen.

Das Hüttensanierungsprojekt war in vollem Gange. Die
Außenmauern mußten gerichtet, das Dach gedeckt werden, und dabei war uns jeder Helfer sehr willkommen,
zumal sich die Bauarbeiten hauptsächlich am Wochenende abspielten. Bis Mai, wenn die Schußzeit beginnt, woll-

ten wir die Hütte einigermaßen bewohnbar haben. Und
da half uns Norbert, Jakobs Bruder, sehr viel. Von Beruf
Glasermeister, konnte er bestens mit Zählstab und Bohr-
maschine umgehen. Außerdem verfügte er über eine

Menge Werkzeug, was für uns von großer Wichtigkeit war. Norbert hatte zu dieser Zeit noch keine Jagdprüfung. Diesen Umstand wollten wir natürlich beseitigen und schlugen Norbert vor, die Prüfung zu machen, damit er bei uns jagen dürfe. Wir brauchten ja niemand mehr zu fragen, wir waren nun unsere eigenen Herren und konnten einladen, wen immer wir wollten. Norbert nahm unser Angebot gern an, weil ihn die Jagd auch interessierte. Aber gut Ding brauchte bei »Nubi«, wie wir ihn nannten, immer Weile, und nachdem er nicht der schnellste war, verging eine immens lange Zeit, bis er die Jagdprüfung endlich »im Sack hatte«. Er machte die Prüfung vor lauter Freude nämlich gleich zweimal. Wahrscheinlich konnte er beim ersten Mal gar nicht sein ganzes Wissen an den Mann, oder besser gesagt, an den Prüfer bringen! Oder . . .?

Und so kam ich zu guter Letzt zu meinem dritten Jagdkollegen, der noch heute mit mir, Jakob und Hermann seine Fährten im Revier zieht, wenn auch manchmal nur sehr, sehr zurückhaltend.

Der alte Leschi

Jedes freie Wochenende schufteten wir wie die Wilden an der Renovierung unserer Jagdkeusche. Es wurde gemauert, ein neuer Bretterboden verlegt, die Wände und der Plafond getäfelt, das Dach gerichtet und der Boden in der Lab'm betoniert. Zum Schluß brachten wir noch einige wichtige Einrichtungsgegenstände ins Haus. Nebenbei beschäftigten wir uns gerne mit unserem hier ansässigen Mitbewohner, dem alten Leschi. Dieser verstand kein Wort Deutsch und wir nur ein paar Brocken Slowenisch. Der arme Kerl wohnte schon jahrelang allein in der Hütte. Daher war es für ihn eine willkommene Abwechslung, wenn wir am Wochenende dort arbeiteten. Wir brachten ihm auch mit, was er brauchte, richteten ihm dies und jenes in seinen Räumen her, schließlich war er schon um die 80 Jahre alt. Abends saßen wir dann gerne beieinander und spielten Karten. Man stelle sich vor: Wir hatten keine Ahnung, was das für ein Spiel war. Der alte Leschi teilte uns nur mit, wann wir verloren hatten, und wir haben jedes Spiel verloren. Zwischendurch fluchte er auf slowenisch und wir auf deutsch. Er trank gerne Rotwein, und obwohl wir jedesmal den Wein zur Verfügung stellten, meinte Leschi jedes Wochenende, daß wir mit dem Rotwein dran seien, denn er hätte ja letzte Woche eine Flasche ausgegeben, huditsch, was natürlich nie stimmte. Und genauso spielte es sich mit der Stromrechnung ab. Er schrieb uns auf einen Zettel auf, wieviel wir zu bezahlen hätten. Einmal haben wir spaßhalber nachgerechnet. Nun, mit dem Betrag, den wir ihm bezahlten, hatten wir nicht nur unseren Teil beglichen, sondern den seinen gleich mit dazu und noch ein bißchen mehr.

Ja, das war der alte Leschi. Wir verstanden uns blendend, obwohl keiner den anderen *verstand.* Heute ist der alte Leschi schon viele Jahre tot. Wir bewohnen nun auch seine Räume und haben die Jagdhütte zu einem Schmuckstück ausgebaut.

Der Gewitterbock

Es war Ende Juni. Schon seit Tagen zeigte sich das Wetter unbeständig und regnerisch. Immer wieder zog eine kurze Gewitterfront mit heftigen Regenfällen auf, um danach für ein paar Stunden der Sonne Platz zu lassen. Ich saß zu Hause an meinem Schreibtisch, und meine Gedanken waren in Trögern. Das wäre eigentlich ein gutes Jagdwetter, dachte ich und nahm den Kalender zur Hand. Vielleicht konnte ich in den nächsten Tagen ein paar Stunden weg, das würde für eine Abendpirsch auf einen Rehbock genügen. Ich tüftelte herum, weil ich einige Termine und Einkaufsfahrten vor- und zusammenlegen mußte. Auf diese Weise konnte ich mir den Mittwoch nachmittag freimachen.

Beim Wegfahren an besagtem Mittwoch um drei Uhr schien noch die Sonne, aber je näher ich zum Jagdrevier kam, um so dunkler wurde es. Knapp vor Eisenkappel klatschten bereits die ersten dicken Tropfen gegen die Windschutzscheibe. Blitze zuckten vom Himmel, und der Donner grollte nur so von den Berghängen des Vellachtales nieder. Längst waren die vor wenigen Minuten noch vereinzelt fallenden schweren Wassertropfen in strömenden Regen übergegangen. Ich konnte nur noch im Schrittempo durch die Klamm *geistern*, die Autoscheiben waren angelaufen, und ich mußte höllisch aufpassen, daß ich die Abzweigung nicht verpaßte, wo es zur Jagdhütte hinaufging. Immer wieder wischte ich mit dem Handrücken über die angelaufenen Scheiben im Wageninneren, um überhaupt noch hinaussehen zu können. Dann gelangte ich endlich zum Schranken. Es half nichts, ich mußte aus dem Auto aussteigen. Den Schlüssel für das Schloß griffbereit in der Hand, sprang ich gebückt und mit eingezogenen Schultern, als würde ich dadurch nicht ganz so naß werden, die paar Meter zum Schranken und sperrte auf. Mit der rechten Hand hob ich den Schranken in die Höhe, bis er, durch das Gewicht am Ende gehalten, senkrecht einpendelte und endlich stehen blieb. Dabei lief das Wasser den Schrankenbalken herunter, direkt in meinen Hemdsärmel. Zurück am Auto, war ich schon halbnaß, und als ich dann den Schranken wieder schließen mußte, bekam ich den Rest und war pitschnaß. Nur weil es regnete, wollte ich nicht aufgeben, dazu waren mir die Stunden zu kostbar. Und außerdem, was soll's. Auf der Hütte hatte ich ja alles, da gab es Hemden, Unterwäsche, Stutzen, Hosen und Schuhe. Für solche Fälle hatten wir gut vorgesorgt, und ich brauchte nur ein trockenes Hemd zum Wechseln. Ein leichter Regenmantel dürfte wohl auch noch im Kasten hängen.

Gleich mußte ich bei der Hütte sein. Der Regen ließ jetzt merklich nach, und der Boden dampfte wie in einer Waschküche. Da kam auch schon die Hütte in Sicht. Ich stellte den Motor ab und stieg aus. Es war eigenartig schwül. Gleich darauf trat ich mit Dorli in die gute Stube unserer Jagdhütte. Rasch wechselte ich das Hemd und trat vor die Tür, um zu sehen, ob es noch regnete. Das dürfte ja gut werden! Der Regen hatte merklich nachgelassen, und über dem Obir lugte schon wieder blauer Himmel durch. Ein super Jagdwetter! Der Regen würde aufhören, und das Wild würde aus dem tropfenden Wald hinausziehen auf die Schläge und Bergwiesen, um sich das Wasser aus der Decke zu schütteln und sich in der

Sonne zu trocknen. Ich beschloß zum *Toste* hinaufzufahren. Dort gab es nämlich einen gedeckten Hochsitz.

Gedacht, getan! Ich ließ das Auto in einer Ausweiche zurück und pirschte mit Dorli zum Hochsitz. Die Gräser am Rand der Forststraße berührten mit ihren Spitzen den Boden, zu schwer war der Regen gewesen, und von den Ästen der Bäume tropfte es noch immer vereinzelt auf den Boden. Ein leichter Dunst stieg vom Boden auf und verbreitete einen würzigen Geruch nach Erde, Harz, Laub und moderndem Holz. Es hatte jetzt aufgehört zu regnen. Langsam pirschte ich den Stichweg Richtung Forststraße hinein. Beim Durchstreifen der nassen Gräser spürte ich schon, daß meine Strümpfe und die Bundhose an den Knien das Wasser langsam durchließen, aber schon erreichte ich den Hochsitz. Schnell streifte ich den Rucksack von den Schultern, steckte Dorli hinein und stieg die Leiter hoch. Oben angekommen legte ich den Rucksack auf den Bretterboden, damit sich mein Hund niederlassen konnte. Dann stellte ich die Waffe griffbereit hin und setzte mich bequem hin.

Vor mir lag ein großes Plateau mit Jungfichten, rechts davon breitete sich ein Schlag aus, tief hinunter bis zur Jagdgrenze. Die letzten Nebel- und Wolkenfetzen waren verflogen, und die Sonne schien wieder herrlich. Mit dem Jagdglas suchte ich das ganze Gelände gemächlich ab. Noch war nichts zu sehen, aber ich hatte ja Zeit, und mein Gefühl sagte mir, daß sich die Natur nach dem Schauer erst langsam rühren würde. Ich saß vielleicht eine halbe Stunde, da hörte ich rechts von mir im Schlag ein Knacken. Gleich nahm ich das Glas wieder auf und suchte den Schlag ab. Tatsächlich, tief unten im Schlag bewegte sich ein Stück Wild von rechts nach links quer zum Schlag. Es war ein Reh. Bald stand es genau hinter einer kleinen Fichtendickung, zog dann weiter und mußte gleich herauskommen. Dann drehte es sich, zog den Schlag abwärts auf die Jagdgrenze zu. Erst jetzt konnte ich es sehen; das Haupt war allerdings von Blättern und Gräsern verdeckt. Am Spiegel konnte ich erkennen, daß es ein Bock war, und zwar nach dem Körper geurteilt, ein starker Bock. Dann, welche Freude, drehte er sich wieder breit und hob sein Haupt. Und was ich da durch das Glas zu sehen bekam, ließ mich zusammenzucken und mein Herz rasen. Ein kapitaler Ia-Bock reizte mich da, graues Gesicht, regelmäßiges Sechsergeweih, spitze, weiße, lange Enden mit der Masse nach unten verlagert: ein reifer Erntebock also. Dann stand er wieder verdeckt hinter den Stauden und zog ganz langsam weiter.

Gleich muß der Bock in die Lichtung kommen, rechnete ich mir aus, denn er zog genau auf eine zwei Meter breite Lücke zu.

Hier muß ich ihn abfangen, sonst ist er weg! dachte ich gespannt, denn der Bock zog ja immer tiefer den Schlag hinunter. Meine Büchse hatte ich schon längst im Anschlag und beobachtete erwartungsvoll die Lücke durch das Zielfernrohr. Langsam schob sich der Bock darauf zu, erst erschien das Haupt, dann der Träger, dann stand er auch schon voll da. Ich setzte das Fadenkreuz handbreit hinter das Blatt und drückte ab, der Bock verschwand. Dann stellte ich die Waffe weg und suchte mit dem Jagdglas noch einmal die Gegend ab. Nein, es war nirgends etwas zu sehen, geschweige zu hören. Der mußte sicher liegen, denn ich war sehr gut abgekommen.

Nach einer halben Stunde baumte ich ab und trottete mit Dorli vorsichtig zum Anschuß. Der Schlag war hier gut kniehoch mit Gräsern, Blättern und Blüten bewachsen. Ich nahm Dorli an die lange Leine und ließ sie suchen. Nach kurzer Fährtenarbeit hatte sie den Bock auch schon gefunden. Der Schuß lag genau eine Hand breit hinter dem Blatt, so genau hatte ich nicht nur gezielt, sondern auch getroffen! Und meine Vermutung war auch richtig: es war ein alter, starker Bock, bei dem ich nun ehrfürchtig die Totenwache hielt. »Hl. Hubertus, hab Dank für dieses Stück!« flüsterte ich tief ergriffen.

Ein Tier in der Smaske

Es war Anfang November, schönes, klares, trockenes Herbstwetter, und Hermann und Jakob verbrachten schon zwei Tage mit mir auf der Alm. Wir saßen vor der Jagdhütte auf der Bank und genossen die warme Nachmittagssonne.

»Es ist viel zu trocken«, meinte Hermann, »das Wild zieht nicht, es würde bestimmt viel zu viel Lärm machen.«

»Ja«, bestätigte Jakob, »die stehen alle in den Gräben.«

»Das ist doch ganz normal«, sagte ich, »denn in den Gräben fließt Wasser, und an den Rändern der Bachläufe gibt es noch genug grünes Gras und Blätter und Kräuter; Gute Äsung, obwohl es schon spät im Jahr ist. Aber Rotwild hat eben einen bestimmten Aktivitätszyklus. Es zieht z.B. vom Einstand zu den Äsungsplätzen und wieder zurück und benützt dafür bestimmte Wechsel. Ich glaube, daß man am ehesten ein Stück Rotwild auf so einem Wechsel erwischen könnte. Was meint ihr?«

»Ja, das ist schon richtig, aber wahrscheinlich ziehen sie in der Nacht zum Äsungsplatz, und bevor es noch grau wird, wieder zurück in den Einstand«, erwiderte Hermann.

»Ja, da hast du wahrscheinlich recht«, bestätigte ich seine Überlegungen. »Wißt ihr was, ich werde hinaus zur Jagdgrenze pirschen, in die Smaske-Rob. Das ist ein beliebtes Rotwild-Gebiet. Vielleicht habe ich Glück.«

Der Rucksack war schnell gepackt. Ich rief den Hund und marschierte los. Außerdem mußte ich mich sputen, denn um halb vier wollte ich auf dem Hochsitz in der Smaske sein. Auf dem Weg dorthin trat ich zweimal Haselwild ab. Na bitte, das war schon etwas. Zumindest konnte ich, wenn ich zurückkam, melden, daß ich Haselwild aufgespürt hatte. Ich verließ die Forststraße und pirschte vorsichtig einen Stichweg hinein in die Smaske-Rob. Ganz vorsichtig, denn es lag viel Laub auf dem Boden. Linker Hand säumte dichte Jungkultur meinen Weg aufwärts bis zur Forststraße. Rechts von mir breitete sich ein alter, schon ziemlich verwachsener Schlag ungefähr 100 Meter hinunter aus. Nach dem ersten Drittel des Schlages kam eine Stufe, und man konnte den mittleren Teil nicht richtig einsehen, er war *überriegelt,* wie man sagte. Der Rest des Schlages war dann wieder gut einsehbar.

Ich hatte den Hochsitz erreicht; er befand sich gleich neben dem Weg. Ein paar Schritte noch, und ich gelangte an die Leiter. Dann begann die schon gewohnte Prozedur: Bergstock an den Baum gelehnt, Gewehr herunter und auf eine überstehende Sprosse der Hochsitzleiter gehängt, Rucksack von den Schultern herunter und auf den Boden gestellt und aufgeknöpft — der Dackel sprang ohne Aufforderung hinein — den Rucksack mit dem herausragenden Hundekopf wieder zugeknöpft, geschultert, Gewehr umgehängt und bedächtig die Hochsitzleiter hinaufgeklettert. Oben angekommen, wurde der Rucksack mit dem Hund auf den Boden gestellt, aufgeknöpft und rundherum niedergedrückt. Der Hund blieb dann meistens gleich im zusammengerollten Rucksack sitzen, oder er hüpfte heraus und legte sich auf den Bretterboden. Bei kaltem und windigem Wetter zog er es jedoch vor, sich im Rucksack gemütlich einzurollen.

Ich hatte meine Waffe griffbereit hergerichtet und beobachtete mit dem Jagdglas den untersten Teil des Schlages. Zwischen der dichten, jungen Fichtenkultur gab es immer wieder kleine Blößen. In der Mitte des Schlages hatten wir eine Salzlecke stehen, die man vom Hochsitz gerade noch einsehen konnte, vom Boden aus jedoch nicht. Diese Salzlecke wurde vom Wild sehr gerne angenommen. Wieder schaute ich durch das Fernglas den ganzen Schlag ab, doch nichts war zu sehen. Vielleicht war es ein bißchen zu früh, denn es war ja erst vier Uhr. Ich lehnte mich zurück an den Baumstamm und genoß diese herrliche Stille. Die Sonne war mittlerweile verschwunden, und es wurde merklich kühler. Dabei kuschelte ich mich in meinen dicken Lodenrock und ließ meinen Blick in die Ferne schweifen. Von weitem grüßte der Gipfel des Hochobir. Auch einige Wiesen und Schläge in unserem Revier waren von hier aus gut zu beobachten.

Mit einem eigenen Spektiv könnte man bestimmt feststellen, ob in einem dieser weiter entfernten Schläge Wild steht! dachte ich. Da raschelte es hinter meinem Rücken in der Jungkultur. »Ach, das sind sicher Amseln, die im Laub nach Würmern und Larven suchen«, sagte ich zu mir, »oder ein Hase, der dahergehoppelt kommt.«

Dann herrschte wieder Stille. Ein Blick auf die Uhr zeigte mir, daß es halb fünf Uhr war. Nach einer guten halben Stunde würde es bereits dunkel sein. Wieder raschelte es hinter mir, diesmal länger. Da, jetzt knackte sogar ein Ast. Aufpassen! kam der Befehl aus meinem Hirn. Das konnte kein Vogel oder Hase mehr sein, da zog schon ein Stück Wild im Fichtendickicht oberhalb des Weges. Dann knackte es erneut; jetzt mußte es genau hinter mir sein. Ich saß stocksteif und wagte kaum noch zu atmen. Ein Glück, daß der Wind beständig abwärts blies. Wieder hörte ich es knacken und rascheln. Ja, das Stück zog weiter. Es müßte nach meiner Einschätzung jetzt irgendwo rechts von mir, ganz in der Nähe sein. Vorsichtig und langsam drehte ich meinen Kopf nach rechts. Da bemerkte ich, wie sich ein paar Äste bewegten, genau oberhalb des Weges, vielleicht 30 Meter vom Hochsitz entfernt. Und dann sah ich auch schon am Rande der Fichtenschonung ein Haupt auftauchen. Dazu brauchte ich gar kein Fernglas, um festzustellen, daß es sich um ein Rottier handelte. Nur das Haupt war zu erkennen. Ich durfte mich nicht rühren und ja nicht zur Waffe greifen, denn das Tier würde meine Bewegung unweigerlich wahrnehmen. So verhoffte das Tier reglos ungefähr eine viertel Stunde lang, erst dann trat es vorsichtig aus dem Fichtenjungmais herunter auf den Weg. Hier blieb es noch einmal sichernd stehen. Das war ein Schmaltier, stellte ich fest, es stand breit und vollkommen ruhig auf dem Weg, vielleicht 35 Meter von mir entfernt. Wenn es in die Jungkultur im Schlag einwechselte, dann könnte ich zur Waffe greifen, überlegte ich, und wenn es dann in der kleinen Blöße, vor der Abstufung im Schlag, wieder herauskäme, dann könnte ich erst schießen.

Das Tier setzte sich in Bewegung und war gleich darauf in der Jungkultur verschwunden. Blitzschnell griff

ich nach der Büchse, und Sekunden später suchte ich die kleine Blöße im Zielfernrohr. Bald darauf erschien der dunkle Wildkörper auch schon in meinem Blickfeld. Mittlerweile war es ziemlich dämmrig geworden. Ich richtete das Fadenkreuz hinter das Blatt des Tieres und gab einen Schuß ab. Einen Augenblick schloß ich meine vom Feuerstrahl geblendeten Augen und lauschte dem Echo, das von den Berghängen widerhallte. Danach nahm ich das Jagdglas wieder auf, richtete es auf die kleine Blöße, wo das Tier gestanden hatte, aber nichts war zu sehen. Nach dem Schuß hatte ich wohl noch ein paar rollende Steine vernommen, das war auch schon alles. Das Tier mußte über die Geländestufe hinuntergeflüchtet sein, in genau jenen Teil des Schlages, der nicht einzusehen war. Ich hatte aber auch keinen Kugelschlag gehört, wahrscheinlich war ich zu nahe dran. Die Schußentfernung betrug ungefähr 60 Meter. Unwahrscheinlich, daß ich hier danebengeschossen hatte! In der Zwischenzeit war es dunkel geworden.

Nun ja, jetzt kann ich sowieso nichts mehr machen! tat ich meine Grübeleien ab.

Ich verließ den Hochsitz wieder und suchte mit meinem Hund in der Dunkelheit den Weg zurück zur Hütte. Meine Kollegen erwarteten mich bereits gespannt.

»Weidmannsheil«, klopften mir beide gleichzeitig auf die Schulter, »was hast du denn geschossen?«

»Ein Tier«, murmelte ich, »aber ich glaube, ich habe es nicht getroffen.«

»Das gibt es nicht!« staunte Hermann. »Wir haben den Schuß gehört und ganz deutlich den Kugelschlag!«

»Ja«, bestätigte auch Jakob, »das stimmt, du mußt getroffen haben!«

»Na gut, das hört sich nicht schlecht an, was ihr da sagt, auf jeden Fall hätte ich morgen mit dem Hund nachgesucht«, meine Laune besserte sich wieder. Ich deutete mit der Hand hinauf zum Firmament: »Schaut einmal, es ist sternenklar, und der Mond wird auch noch kommen, dann hätten wir genug Licht. Warten wir noch zwei Stunden und suchen dann mit dem Hund nach, einverstanden?«

»Ja, natürlich!«

So machten wir es auch. Um acht Uhr setzte ich Dorli am Anschuß an, ließ sie richtig ansaugen und folgte ihrer zielstrebigen Route. Obwohl es relativ hell war, leuchtete ich mit der Taschenlampe vor mir her, um zu sehen, wohin ich trat. Der Hund lag von Anfang an bombenfest im Riemen, mußte also auf der richtigen Fährte sein. Über die berüchtigte Stufe zog Dorli fast senkrecht hinunter, den Riemen immer schön gespannt. Dann waren wir unten im Boden angekommen. Dorli suchte genau auf einem Wechsel weiter. Der Zug des Schweißriemens lockerte sich, und Dorli gab vor mir Laut. Ich tastete mit dem Strahl der Taschenlampe vor mir her. Mitten am Wechsel lag das Tier, und Dorli gab Standlaut. Meine beiden Freunde kamen herbei.

»Na, was hab ich gesagt? Weidmannsheil!« riefen beide, und wir schüttelten einander kräftig die Hände.

Ich holte meinen Flachmann aus dem Rucksack und reichte ihn in der Runde einem nach dem anderen. Daneben gebärdete sich Dorli wie wild am Tier. Sie fuhr dem Stück an die Drossel und schüttelte es heftig. Daraufhin mußte ich sie an eine Staude binden, denn das Tier hatte am Träger schon fast keine Grannen mehr. Nach dem Aufbrechen zogen wir das Tier gemeinsam hinauf auf den Weg. Das war eine fürchterliche Schinderei, aber mit viel Mühe und Schweiß hatten wir es nach einer Stunde doch geschafft. Und mir schien, als leuchteten die Sterne jetzt noch heller als zuvor!

Eines Tages im Februar läutete bei uns zu Hause das Telefon, und die Züchterin von Dorli fragte mich, ob ich Interesse hätte, mit meinem Hund an einer Hundeausstellung teilzunehmen.

»Ja, das würde ich schon gern machen«, sagte ich, »aber es kommt ganz darauf an, wann und wo diese Ausstellung stattfinden soll. Im Sommer kann ich nämlich von meinem Betrieb nicht so leicht weg.«

Aber Frau Magde, die Züchterin, wandte ein, daß besagte Ausstellung im Mai stattfinde, und noch dazu in Klagenfurt, also praktisch vor der Haustür. »Ihre Dorli ist ja so ein schöner Hund, die bekommt bestimmt einen Preis«, meinte sie gleich weiter, »und den einen Tag werden Sie sich bestimmt freimachen können. So eine Gelegenheit ergibt sich nicht so schnell wieder!«

Da ich noch nie auf einer derartigen Ausstellung war, ließ ich mich von der Züchterin aufklären: »Der Hund legt hier keine Prüfung ab, sondern es werden nur die Rassemerkmale überprüft. Und besonderer Wert wird auf ein vollständiges, gut ausgebildetes, kräftiges Scherengebiß gelegt. Von der Ausstellungsleitung bekommt man nach der Meldungsabgabe eine genaue numerische Koje zugewiesen, in der dann der Herr und der Hund auf ihren Auftritt warten. Und wenn es dann so weit ist, muß man einem für diese Rasse zuständigen, international anerkannten Richter seinen Hund vorführen. Dort wird er dann bewertet. Es wird gemessen, der Körperbau abgetastet, der Fang geöffnet, die Zähne kontrolliert, der Behang begutachtet und vieles andere mehr. Für Hündinnen ist das besonders wichtig. Denn sie können wegen eines Fehlers bei einem wichtigen Rassemerkmal von der Zucht ausgeschlossen werden. Das heißt also, daß man dann mit so einem Hund nicht züchten darf!«

Ich ließ mich überzeugen und hatte 14 Tag später schon alle Papiere für die Meldung zur Ausstellung in der Hand. Bis Mai hatte ich noch ein wenig Zeit, und die nützte ich, indem ich mit Dorli recht intensiv an Gehorsamsübungen arbeitete. Fußgehen, Sitz und Platz, das mußte einfach klappen, denn ich wollte mich in der Ausstellungshalle nicht blamieren. Die Ausstellung war gegen Entrichtung eines Eintrittsgeldes für jedermann zugänglich. Der Bevölkerung sollte dabei die Vielzahl der Hunderassen vorgestellt werden. Hier konnte man vom kleinsten Pudel über den mexikanischen Nackthund bis hinauf zum größten, dem Irischen Wolfshund, alles sehen. An jeder Koje war ein Zettel angebracht, auf dem genau stand, welcher Hund hier ausgestellt wurde.

Und so kam auch für mich und Dorli der große Tag. Ich packte alles, was ich den ganzen Tag brauchte, in den Rucksack: Futter für den Hund, eine alte Decke, wo Dorli sich drauflegen konnte und eine Wasserschüssel. Für mich steckte ich meinen kleinen Jagdstuhl ein, denn der Tag würde ziemlich lang werden.

Pünktlich um neun vormittags traf ich auf dem Messegelände ein, und eine halbe Stunde später hatte ich endlich meine Koje gefunden. Den Rucksack legte ich in eine Ecke, breitete die Decke aus und wollte Dorli draufsetzen. Aber sie wollte nicht so recht. Sie zog dauernd in die Ecke, wo der Rucksack lag. Da fiel es mir ein: klar, sie war ja gewohnt, auf dem Rucksack zu liegen. Also legte ich die Decke zu einem kleinen Rechteck zusammen, schob sie in die Ecke der Koje und legte den Rucksack drauf. Sofort legte sich Dorli nun darauf und gab Frieden. Sicherheitshalber hing ich sie mit der Leine an einem dafür vorgesehenen Haken an. Sie sollte mir nicht nachlaufen, wenn ich einmal wegging. Jetzt mußte ich erst einmal den vorgeschriebenen Ring Nr. fünf finden, in welchem die Dackel bewertet werden sollten. Den fand ich auch gleich, denn er war gar nicht weit entfernt von meiner Koje. Die Richter waren auch schon da, und auch die Züchterin meines Hundes war zugegen. Sie stellte mich dem Obmann des Kärntner Dachshundevereins vor. Der Obmann kam mit mir zu meiner Koje und begutachtete erst einmal meinen Hund. »Der ist aber wirklich schön«, sagte er zu mir, »ein etwas kleinerer Schlag des Rauhhaardackels, in der Hinterhand vielleicht eine Idee zu hoch. Aber da schaut bestimmt ein »sehr gut« im Formwert heraus.«

Im Gespräch erwähnte ich dann beiläufig, daß ich den Hund für die Jagd verwendete. Da war der Mann dann ganz begeistert: »Mein Gott«, rief er, »das wäre die richtige Zuchthündin! Wir haben zur Zeit gar keine vernünftige Rauhhaardackelhündin, die dafür geeignet ist. Noch dazu, wo sie jagdlich geführt wird. Haben Sie mit ihr schon eine Jagdprüfung gemacht? Das ist Voraussetzung, wenn Sie züchten wollen. Wir hätten da einen guten Rüden und bräuchten notwendig junge Rauhhaardackel!«

»Ja, aber ich habe ja gar nicht die Absicht, Dackel zu züchten!« Ich kam mir richtig überrumpelt vor.

»Aber das sollten Sie mit diesem Hund! Und einmal Junge kriegen tut dem Hund auch gut!« wandte der Obmann ein und hörte gar nicht mehr auf, auf mich einzureden.

Dann kam auch noch die Züchterin meines Hundes hinzu und beschwor mich ebenfalls, meine Hündin wenigstens einmal decken zu lassen, bis ich schließlich nachgab und zustimmte.

»Das ist ja wunderbar«, freute sich der Obmann des Dachshundevereins. »Sie bekommen von mir Bescheid, wann die nächste Jagdhundeprüfung stattfindet. Jetzt gehen Sie aber mit Ihrem Hund zum Ring vor, ich glaube, Sie werden bald an der Reihe sein.«

Und so war es auch. Um elf kam ich schon an die Reihe. Es dauerte etwa 20 Minuten, bis Dorli begutachtet war. Der Obmann des Dachshundevereins hatte nicht zuviel versprochen. Die Hündin war makellos, bis auf die Hinterhand, die eben ein bißchen zu hoch war. Das brachte ein stolzes »sehr gut«, eine schöne Urkunde über die erfolgreiche Teilnahme und einen *Lindwurm* als Erinnerungsgeschenk an die Hundeausstellung in Klagenfurt.

Etwas abgespannt, aber sonst sehr zufrieden über die Beurteilung meines Hundes fuhr ich am späten Nachmittag mit Dorli wieder nach Hause.

Die Anlagenprüfung

Seit der Ausstellung in Klagenfurt waren kaum 14 Tage vergangen, als ich einen Brief des Kärntner Dachshundevereins bekam. Darin wurde mir mitgeteilt, daß die Dachshundeprüfung Anfang September in Grafenstein bei Klagenfurt abgehalten würde. Dem Brief beigeschlossen war das Teilnahmeformular. Bei Jagdhundeprüfun-

gen hatte ich ja schon einige Erfahrungen gesammelt,
aber für jede Rasse gab es eigene Prüfungen. Bei Dackeln
wurde die Anlagenprüfung in zwei Teile gegliedert; in
die Arbeit unter und die Arbeit über der Erde. Die Arbeit unter der Erde, also im Bau, war für mich etwas
ganz Neues, darunter konnte ich mir noch nicht viel
vorstellen; aber ich würde es in den nächsten Wochen sicher erklärt bekommen. Es gab wöchentlich einen
Übungstag im Kunstbau des Dachshundevereins in Grafenstein, wo ich mir vornahm, jedesmal hinzufahren.
Das war ja nicht so weit.

An einem Sonntagvormittag kam ich mit Dorli zum
ersten Mal hin. Ich wurde gleich mit ein paar erstklassigen Hundeführern bekannt gemacht. Dann ließ ich mir
den Kunstbau und die Arbeit des Hundes unter der Erde
erklären; für mich Bergjäger ein faszinierendes Neuland.
In einem schütteren Föhrenwäldchen war von den Mitgliedern des Dachshundevereins ein Fuchsbau nachgebaut. In der Mitte dieser Kunstbauanlage befand sich ein
Kessel, von dem sternförmig Röhren wegführten. Mit
Schiebegittern konnte man den Kessel zu den Röhren
hin absperren. Wenn ein für Prüfungszwecke gehaltener
Fuchs oder Dachs in diesen Kessel hineingetrieben wurde, konnten die Schiebegitter zu den Röhren geschlossen
werden, so daß das Raubwild aus dem Kessel nicht mehr
hinausgelangte. Gleichzeitig ist der in den Bau einfahrende Hund durch das Schiebegitter vom Fuchs oder Dachs
getrennt. Der Hund mußte nun vor dem Gitter liegen
und das Tier lauthals verbellen. Je mehr er bellte, um so
besser war die Benotung. Auf diese Weise wurde unter
der Erde die Schärfe, Ausdauer, der Laut im Bau und das
Absuchen des Baues geprüft.

Über der Erde wurde, wie man mir erklärte, die Nasenarbeit, Spurwille und Spursicherheit, Wasserarbeit, Spurlaut, Leinenführigkeit und die Schußfestigkeit geprüft. Dabei hatte ich keine Bedenken, denn Dorli hatte Nasenarbeit schon bei vielen Schweißarbeiten im Revier bewiesen. Spurlaut konnte sie auch, Leinenführigkeit und Gehorsam waren auch gut, und schußfest war Dorli ohnehin. Also galt es hauptsächlich, sich auf die Arbeit unter der Erde zu konzentrieren, und ich beschloß, diese Übungstage auszunützen. Diesmal war ein Dachs im Kessel, und ich konnte Dorli gleich einmal schliefen lassen. Zuerst wußte sie nicht so recht, was sie bei der etwa 25 x 25 großen Öffnung des betonierten Ganges, der schräg nach unten führte, machen sollte. Die Röhren zum Kessel waren viereckig betoniert und mit Holzdeckeln abgedeckt, so daß man, wenn man einen Deckel etwas anhob, immer sehen konnte, wo sich der Hund befand. Ich animierte Dorli, indem ich mit dem Finger auf den Boden zeigte und »such, Dorli, such, faß den Dachs, pack ihn!« befahl. Dorli fuhr in den Kunstbau ein, ich kniete mich hin und rief in die Röhre hinein: »Brav ist der Hund, such weiter, Dorli!« Wenn Dorli Laut gab, lief ich vor zum Kessel, da konnte ich durch einen etwa fünf Zentimeter breiten Spalt in die Röhre schauen. Hier konnte ich Dorli sehen, wie sie vor dem Gitter lag und Laut gab. Dann hieß es sie anfeuern, denn sie sollte eine Zeitlang heftig Laut geben.

»Gib Laut!« rief ich ihr zu. »So ist der Hund brav! Pack ihn, Dorli!« Dorli folgte und gab giftig Laut. Mir hüpfte das Herz in der Brust vor Freude, der Dackel war so richtig in seinem Element. Sie faßte sogar zwischen die Gittersttäbe hinein, um mit ihrem schmalen Fang den

Dachs zu erfassen. Sie bekam den Burzel zu fassen und zog wütend daran. Der Dachs ließ sich das natürlich nicht gefallen, drehte sich blitzschnell um und schlug mit der Brante nach dem Hund. Dorli zuckte zurück, aber eine kleine Schramme hatte sie trotzdem abbekommen. Beim zweiten Mal war sie schon vorsichtiger und wagte sich nicht mehr so nah an das Gitter heran.

Nach dieser ersten Bauübung gab mir ein erfahrener Bauhundeführer den Rat, den Hund jetzt abzutragen, denn ich sollte ihn nicht überfordern. Ich rief Dorli zu mir, und sie kam auch brav aus der Röhre heraus. Über dem Nasenrücken zeichneten sich zwei blutige Schrammen ab. Wenn der Hund alle 14 Tage einmal im Kunstbau arbeitete, war das genug, wurde ich belehrt, sonst würde sie überdrüssig.

Ich arbeitete mit Dorli fleißig einen Sommer lang, und mit dem Herbst kam auch der Tag der Prüfung. Es war an einem Samstag. Am Vormittag war die Prüfung über der Erde angesetzt, am Nachmittag unter der Erde. Nun konnte ich ausgerechnet an diesem Samstagvormittag nicht vom Betrieb weg. Da ich bereits zwei Tage vor der Prüfung darum wußte, war das gar nicht so schlimm, denn was ein rechter Jäger ist, der findet immer einen Ausweg, und was erst recht ein guter Hund ist, der weiß, was er zu tun hat, auch wenn sein Herrl einmal nicht dabei ist. Und so mußte mich mein Sohn Martin, er war damals acht Jahre alt, bei der Prüfung Dorlis über der Erde vertreten. Ich erklärte ihm zu Hause die notwendigen Kommandos für den Hund, das Umgehen mit dem Schweißriemen und wie er den Hund bei der Schweißprüfung ansetzen sollte. Für Martins *Einschulung* blieben uns gerade noch zwei Tage Zeit.

Am Tag der Prüfung brachte ich Martin, mit Knie-bundhose, grünen Stutzen und kariertem Hemd standes-gemäß bekleidet, persönlich zum Prüfungsplatz nach Grafenstein. Dem Prüfungsleiter erklärte ich, daß ich erst am Nachmittag hierbleiben könne, und daß Martin die Hündin bei der Prüfung über der Erde führen würde. Die Leute waren natürlich ganz aus dem Häuschen, daß so ein kleiner Bub einen Hund zu einer Anlagenprüfung führte. Sofort stand er im Mittelpunkt, und die anwesen-den Damen, es handelte sich um die Frauen der Richter und Prüfungsleiter, kümmerten sich rührend um Mar-tin. Er war von der ersten Minute an ihr Schatz, und ich konnte beruhigt wieder nach Hause fahren; Kind und Hund waren gut aufgehoben.

Als ich um zwei Uhr wieder auf dem Prüfungsgelände erschien, wurde ich bereits mit großem Hallo empfan-gen. Martin hatte mit Dorli ein *sehr gut* erreicht, wobei noch besonders die ausgezeichnete Schweißarbeit des Dackels hervorgehoben wurde. Ich war überglücklich. Das war ja mehr, als ich erwartet hatte! Die Prüfung un-ter der Erde war reine Formsache. Dorli fuhr wie der Blitz in die Röhre des Kunstbaues ein, im Bau beim Vor-liegen, gab sie aber nur zaghaft Laut. Dafür mußte ich mich mit einem *gut* zufriedengeben.

Als Preis erhielten wir an einem Band in den Kärntner Landesfarben baumelnd die große Medaille *75 Jahre Dachshundeverein* und eine kunstvoll gestaltete Urkun-de. Und wer bekanntlich den Schaden hat, braucht für den Spott nicht zu sorgen. Und so mußte ich mir noch sagen lassen, daß der Bub halt doch die bessere Hand ge-habt hätte bei dieser Prüfung als der Vater. Denn immer-hin hatte der ein *sehr gut* erreicht, der Vater nur ein *gut*.

Ja, was ein guter Hundeführer werden will, übt sich halt beizeiten!

Der Holzhacker Kirchtagshirsch

Der Holzhacker Kirchtag war ein alter Brauch, der zu Ehren der Holzknechte abgehalten wurde, die das ganze Jahr über für den Wald und das Wild sorgten. Aber auch die Förster und Revierjäger, die Wegbauer, die Holzeinkäufer, praktisch alle Leute, die mit Wald, Holz und Wild zu tun hatten, waren mit eingeschlossen. Dieser Kirchtag wurde meistens Ende Oktober angesetzt. Da wurden die Leute zum Essen und Trinken eingeladen, wobei das Essen immer aus einem Wildbraten bestand. Nachdem bei diesem Fest meistens zwischen 30 und 50 Personen zu verköstigen waren, mußte natürlich rechtzeitig für genügend Wild gesorgt werden. Und das war oft gar nicht so einfach, wie ich in unserem Falle hier erzählen will.

Seit zwei Wochen bemühten wir Jäger uns um ein Stück Rotwild, aber es war wie verhext, als ob das Revier ausgestorben wäre. Ich hatte einen Jagdgast und war mit dem Herrn den ganzen Tag im Revier unterwegs. Der Gast sollte ein Stück Rotwild schießen, aber es wollte und wollte einfach nicht klappen. Zu Mittag machten wir eine Pause bei der Jagdhütte, und am Nachmittag versuchten wir es noch einmal im Revierteil Smaske-Rob, einem beliebten Hochwildgebiet. Dort befand sich ein guter Hochsitz, und den steuerten wir an. Fährten waren überall zu sehen, aber nichts trat aus, es war zum

Aus-der-Haut-Fahren. Erst als es schon ziemlich dämmrig war, sah ich durch das Jagdglas zwei Stück Rotwild
tief unten am Schlagende. Es handelte sich um ein Tier
mit einem Kalb.

Mensch, das wäre das richtige, fuhr es mir durch den
Kopf. Aber die Dämmerung machte mir schon zu schaffen. Ich stieß meinen Jagdgast an und machte ihn auf die
beiden Stück Rotwild aufmerksam. Er hatte sie nämlich
noch gar nicht bemerkt. Nun blickte er durch das Glas,
schüttelte aber den Kopf. Die beiden Stücke standen bereits wie zum Hohn im Schlagschatten des angrenzenden Hochwaldes. »Das ist mir zu unsicher und auch zu
weit«, meinte er nach einigem Überlegen.

Mittlerweile war es tatsächlich zu dunkel geworden für
einen sicheren Schuß, und wir mußten also unverrichteter Dinge zurück. In der Hütte wartete schon Jakob auf
uns: »Na, was ist?«

163

Ich erzählte ihm unser glückloses Unterfangen.

»Schade«, sagte er, »es hat halt nicht sein sollen.«

Wir tranken mit unserem Gast noch ein Gläschen Wein, dann fuhr er nach Hause.

Auch ich begann meine Sachen zu packen und wollte schon aufbrechen, als Jakob und ich ein Auto nahen hörten. Gleich darauf wurde die Tür aufgerissen und Jancek trat in die Stube.

»Gott sei Dank, daß ihr noch da seid!« rief er sichtlich erleichtert, und zu mir gewandt: »Würdest du mit deinem Hund bei mir auf der Alm oben einen Hirsch nachsuchen?«

»Ja freilich«, stimmte ich zu, »was ist los, setz dich her und erzähle!«

Jancek berichtete, daß in drei Tagen der Holzhacker Kirchtag stattfinden werde.

»Normal schieße ich nicht mehr so spät am Abend, aber ihr wißt ja selbst, daß wir das Wild notwendig brauchen. Ich bin beim Schuß auch ganz gut abgekommen, aber ich kann den Hirsch einfach nicht finden.«

»Hast du das Stück wegflüchten sehen?« fragte ich.

»Im ersten Moment war ich vom Mündungsfeuer geblendet, aber dann, glaube ich, ist er links über den Almboden hinauf. Es war ein 3er Hirsch!«

»Na, wir werden ja sehen«, beruhigte ich Jancek, »kommt, laßt uns hinauffahren!«

Ich nahm den Schweißriemen und für alle Fälle eine Taschenlampe mit.

Es war sternklar, als wir nach 15 Minuten Fahrt auf der Alm vor Janceks Jagdhütte ankamen. Wir stiegen aus.

»Hier, mitten auf dem Almboden ist der Hirsch gestanden!« sagte Jancek.

Er und Jakob blieben am Weg, und ich ging mit Dorli ungefähr in die Mitte des Almbodens.

»Ja, da ungefähr müßte der Anschuß sein!« rief Jancek zu mir herüber. Ich streifte Dorli die Schweißhalsung über und befahl ihr: »Such, Dorli, such das Hirscherl!«

Dorli begann sofort intensiv zu suchen, ständig im Kreis, und der Kreis wurde immer größer. Dann zog sie an und der Riemen spannte sich. Sie zog auf die Straße zu.

»Das ist die falsche Richtung!« rief Jancek uns nach. »Der Hirsch ist in die entgegengesetzte Richtung abgezogen! Hier herunten ist er auf keinen Fall.«

»Na gut«, folgte ich Janceks Worten, trug Dorli ab und setzte sie wieder am Anschuß an.

Wieder zog Dorli herunter auf die Straße zu. Nun ließ ich den Hund trotz Janceks Protest weitersuchen. Dorli lag so bombenfest im Riemen, daß ich mir schon ziemlich sicher war. Ich kannte mittlerweile ihr Verhalten schon recht gut und wußte, wann sie auf Wundfährte war. Sie zog über die Forststraße hinüber und hinein in den Hochwald. Wir bewegten uns genau auf einem Pirschsteig. Plötzlich wurde die Leine schlaff und Dorli gab Standlaut. Ich knipste die Taschenlampe an und leuchtete nach vorne.

»Da liegt er ja!« rief ich Jancek und Jakob zu mir. »Na, was sagt ihr jetzt? Von wegen die falsche Richtung! Der Hund hat meistens recht!«

Gemeinsam begannen wir, den Hirsch zu versorgen.

Damit war der Holzhacker Kirchtag gerettet. Der Braten war vorhanden, und ich war natürlich mächtig stolz auf meinen Hund. Wieder ein Beweis mehr, wie wichtig ein auf die Schweißfährte abgeführter Jagdhund war.

Im Frühjahr 1981 wurde unsere Dackelhündin Dorli plötzlich krank. Sie konnte ihre Hinterläufe nicht mehr richtig bewegen, und daher fuhr ich sofort mit ihr zum Tierarzt.

»Wie alt ist sie denn schon«, fragte der Arzt.

»Neun Jahre ist Dorli jetzt«, antwortete ich mit einem fragenden Blick.

»Ja, ich muß Ihnen eine traurige Mitteilung machen«, seufzte der Arzt und blickte mich prüfend an. »Ihre Hündin hat die Dackellähmung. Aber noch ist nichts verloren. Wir werden versuchen, sie mit einer gezielten Behandlung wieder auf die Beine zu bringen.«

Aber es half alles nichts. Drei Monate später konnte sich das bedauernswerte Tier nur noch auf den Vorderläufen bewegen, die Hinterläufe schleiften auf dem Boden nach. Der Anblick war furchtbar. Der hintere Teil des Hundes war total gelähmt. Ich mußte dem Tier sogar die Blase ausdrücken. Das konnte ich nicht mehr mitansehen. Und so ließ ich unsere Dackelhündin, die mich fast neun Jahre lang im Revier begleitet hatte, einschläfern. Das war ein schrecklicher Tag für mich und meine Familie, denn wir hatten den kleinen Kerl über die vielen Jahre hindurch sehr liebgewonnen. Ich kam mir vor wie ein Verräter, als ich mit Dorli zum Tierarzt fuhr, denn ich wußte ganz genau, daß ich allein nach Hause zurückkommen würde. Und dann noch das Warten in der Praxis und immer dieses schreckliche Gefühl in meiner Brust! Der Hund drückte sich zitternd an mich. Es war die Hölle. Und als alles vorbei war und ich Hals über Kopf die Praxis verließ, da schwor ich mir, so etwas nie mehr zu machen. Sollte dieses Problem wieder einmal auf mich zukommen, dann würde ich lieber ins Revier fahren und das Tier durch einen gezielten Schuß erlösen.

Die Zeit, so sagt man, heilt viele Wunden, so auch diese. In den nächsten Wochen verebbte langsam der Schmerz über den Verlust von Dorli. Aber in meiner Erinnerung wollte ich den kleinen Dackel immer behalten, und tief in meinem Herzen hatte er seinen Platz eingenommen.

Der Sommer verging, und der Herbst stand vor der Tür. Jetzt, Anfang September, wurde es langsam Zeit, sich Gedanken über einen neuen Hund zu machen. Einen Dackel wollte ich nicht mehr, der war ein bißchen zu schwach für unser Revier. Ich brauchte einen größeren Hund. Robust sollte er sein, pflegeleicht, unempfindlich und scharf. Vor allem auf der Schweißfährte mußte er gute Leistungen bringen. Mit meiner Frau besprach ich meinen Wunsch.

»Wenn ich nur wieder einmal einen Hund bekommen könnte, so einen wie Heck es war, mein erster Jagdhund, nur halt nicht so groß, einen Hund, zwischen dem auch so eine Bindung von Tier und Mensch entsteht. Aber das gibt es wohl kein zweites Mal.«

»Du darfst nicht immer Vergleiche anstellen«, tröstete mich meine Frau. »Heck war eine Ausnahme, etwas Außergewöhnliches.«

»Ja, sicher, du hast recht«, versonnen blätterte ich in meiner Jagdzeitschrift, die ich monatlich erhielt.

Da fiel mein Blick unter der Rubrik *Hunde* auf eine Anzeige: *Deutscher Jagdterrier aus Leistungszucht abzuge-*

ben. Eine Kärntner Telefonnummer stand dabei. Sofort holte ich das Telefonbuch hervor, um nachzusehen, wohin die Vorwahl gehörte. Da war sie schon! Mein Gott, das ist ja in Fürnitz, gar nicht weit weg von hier, höchstens eine halbe Autostunde. Mensch, klar, ein Terrier, das wäre der ideale Hund für mich. Genau die richtige Größe! Den konnte man noch bequem mit auf den Hochsitz nehmen. Kräftige, scharfe Hunde waren das, ausgezeichnet auf der Schweißfährte, aber auch für die Bau- und Wasserarbeit geeignet. Ich blickte auf die Uhr. Für heute war es schon zu spät, aber gleich am nächsten Tag wollte ich dort anrufen.

Am nächsten Morgen wählte ich die Nummer, und gleich darauf meldete sich eine Frau. Ich stellte mich vor und erkundigte mich nach dem Jagdterrier.

»Ja«, sagte sie, »eine Hündin ist noch frei.«

»Würden Sie so nett sein und die Hündin bis zum Nachmittag für mich freihalten?« fragte ich am Telefon. »Ich möchte mir den Hund gern ansehen, bevor ich ihn kaufe, aber ich kann erst um drei bei Ihnen sein. Ich werde mich dann auch gleich bei Ihnen entscheiden, ob ich das Tier nehme oder nicht. Ist Ihnen diese Vereinbarung recht?«

»Ja«, antwortete die Dame, »dann ist auch mein Mann zu Hause, mit ihm können Sie dann alles weitere besprechen!«

Bereits als ich den Hörer auflegte, hatte ich mich entschieden. Diese Hündin wollte ich nehmen.

Pünktlich um drei Uhr am Nachmittag stand ich beim Züchter. Lautes Gebell empfing mich. Wir begrüßten einander, und dann zeigte mir Herr Wucherer die Hündin. Es war eine zarte, schöne Hündin. »Zwei Wochen müssen Sie den Hund aber noch bei der Mutter lassen«, schlug der Züchter vor, »ich rufe Sie an, wenn Sie ihn holen können.«

Ich stimmte zu. Einen Namen hatte ich mir auch schon für das Tier ausgedacht. *Dunja* sollte mein dritter Jagdhund heißen.

Wenn ich von Bekannten oder auch fremden Leuten oft gefragt wurde, ob ich als Jäger denn auch einen Hund habe, erklärte ich jedesmal stolz: »Ja, natürlich, einen Jagdterrier. Kennen Sie diese Rasse?« Meistens zuckten die Leute dann verneinend die Achseln, und auf die Frage, wie er denn aussehe, gab ich zur Antwort: »Ein Jagdterrier ist ein Hund, der nur gegen Waffenschein abgegeben wird. Er beißt sich zuerst fest und schaut dann erst, wie groß der Gegner ist. Solche Hunde sind nur für starke Charaktere geeignet.«

Dunjas erster Rehbock

Es war Anfang Juni, die Schußzeit für Rehböcke hatte bereits begonnen, und nach einem gemütlichen Nachmittag vor der Revierhütte brachen mein Freund Jakob und ich zu einer Abendpirsch auf. Ich wollte ganz hinauf zur Jagdgrenze, Jakob entschloß sich, in tieferen Lagen zu jagen, in der sogenannten *Pistota*.

Um halb fünf ungefähr stieg ich auf den Hochsitz in der Nähe des Hirschenbodens. Mit Dunja, meinem Jagdterrier, ging das schon ganz problemlos. Ich ging in die Hocke, beugte mein linkes Knie etwas nach unten, klopfte mit der rechten Hand gegen meine linke Schulter und brauchte nur zu sagen: »Komm Dunja, komm zu mir, mein braver Hund!« Und Dunja stieg auf mein gebeugtes Knie, legte dann ihre Vorderläufe über meine linke Schulter, mit den Hinterläufen hakte sie sich in meinen dicken Lodenrock. Ich schob noch meinen linken Unterarm als Stütze unter ihr Gesäß, so stiegen wir die Hochsitzleiter hinauf. Diesen Ablauf hatte ich mit Dunja oft bei uns zu Hause eingeübt. Gleich ein paar Minuten von unserem Haus entfernt befand sich ein großes Gemeindejagdgebiet, und da konnte ich mit ihr nicht nur das Besteigen eines Hochsitzes probieren, nein, ich begann schon recht früh, mit ihr zu arbeiten. Wir übten — Leinenführigkeit und Führerfährte, kleine Schleppen machte sie besonders gerne, Gehorsamsübungen wie *Sitz! Fuß! Platz!* — aber immer nur kurze Zeit, damit sie nicht überdrüssig wurde. Dabei hatte ich immer ein paar Leckerbissen in der Hosentasche, die sie dann zur Belohnung für ihre Lernerfolge erhielt, und viel viel Liebe natürlich. Dunja begriff sehr schnell.

Nun saßen wir beide also mucksmäuschenstill auf dem Hochsitz und harrten der Dinge, die da kommen sollten. Mit dem Jagdglas suchte ich das Plateau vor mir ab. Zunächst war einfach nichts zu sehen. Doch dann bewegte sich etwas: Ich entdeckte eine Rehgeiß, eine starke, gesunde Geiß. Sicherlich war auch der Bock in der Nähe, und wenn ich Glück hatte, kam er noch heraus, bevor es dunkel würde. Aber nichts dergleichen geschah. Die Geiß verschwand in einer Mulde. Da wehte der Wind den Hall eines Schusses an mein Ohr.

Oha, das könnte Jakob gewesen sein, dachte ich mir, oder irgendjemand im Nachbarrevier!

Ich saß etwa 150 Meter von der Grenze entfernt.

Durch die Sommerzeit war es nun viel länger Tag als sonst, und diese Nacht dürfte hell und klar werden. Keine Wolke zeigte sich am Himmel.

Die Dämmerung fiel schon langsam in den Schlag, und ich baumte mit Dunja auf der Schulter in altbewährter Manier wieder ab. Leise pirschte ich hinaus auf die Forststraße, wo ich mein Auto geparkt hatte. Auf der Fahrt hinunter zur Jagdhütte wuchs die Spannung bei

mir, vielleicht hatte doch der Jakob geschossen, das wäre ideal, dann hätte Dunja mit ihren neun Monaten gleich die erste Nachsuche zu absolvieren. Um halb zehn erreichte ich die Hütte. Jakob saß auf der Bank und wartete schon auf mich. »Gut, daß du da bist«, rief er mir entgegen.

»Was ist los?« fragte ich. »Hast du geschossen?«

»Ja, ich hab auf einen 2b-Bock geschossen.«

»Na, und?« fragte ich weiter.

»Den Bock hat es nach dem Schuß hingeschmissen. Dann ist er wieder auf und hinunter in den Graben. Ich bin extra nicht nachschauen gegangen, weil wir ja ausgemacht haben, daß der Hund nachsuchen soll, wenn einer was schießt!«

»Ja, du hast recht, das ist herrlich«, freute ich mich. »Wann hast du geschossen? Um acht Uhr habe ich oben einen Schuß gehört!«

»Ja, das war ich«, bestätigte Jakob.

»O.k., das war vor zwei Stunden. Komm, wir nehmen die Taschenlampe und suchen mit dem Hund nach! Besser wäre natürlich, wenn wir erst morgen nachsuchen würden, dann wäre die Fährte zehn Stunden alt. Aber bei der Wärme kann man das nicht riskieren. Noch dazu könnte der Bock von den Füchsen angeschnitten werden.«

Wir machten uns auf den Weg. Am Ziel angekommen zeigte mir Jakob den Anschuß.

»Ungefähr dort, wo der kleine Boden ist, da stand der Bock.«

»Oh je«, seufzte ich, »und da ist er dann hinunter?«

»Ja«, bestätigte Jakob.

»Das ist ein ganz grauslicher steiler Graben, noch dazu

172

ist da irgendwo ein alter Weidezaun. Na ja, dann wollen wir einmal unser Glück versuchen!«

Unsere Gewehre hatten wir in der Hütte gelassen, denn die halfen uns jetzt nicht mehr. Im Gestrüpp konnten wir sowieso nicht schießen, und außerdem war es ja ohnehin schon zu dunkel. Ich trottete mit Dunja zum Anschuß. Jakob kam langsam hinter uns her. Dann nahm ich meinen Rucksack von den Schultern und setzte Dunja vorschriftsmäßig daneben ab. Mit der Taschenlampe leuchtete ich ein paar Schritte vor und versuchte, mir Gewißheit zu verschaffen. Aber ich konnte keinen Schweiß erkennen. Dann ging ich zurück zu Dunja, holte aus dem Rucksack die Schweißleine und streifte ihr die breite Schweißhalsung über. Genau so, wie ich es mit ihr zu Hause auf der künstlichen Fährte geübt hatte. Der Ablauf dieser Zeremonie verlief immer gleich oder sollte jedenfalls immer gleich sein, egal wie oft man nachsuchte. Der Hund würde dann beim Anblick des Schweißriemens sofort wissen, worum es ging. Ich nahm Dunja kurz hinter der Halsung und ging mit ihr vor zum Anschuß.

Dort zeigte ich mit dem Finger auf den Boden und sagte leise zu ihr: »Such, such, braver Hund!«

Die Hündin saugte sich richtig am Boden an. Dann schlug sie einen Halbkreis und zog senkrecht hinunter in den Graben. Nach den ersten zehn Metern hatte ich mir schon das Hemd aufgerissen. Der Hund zog jetzt sehr stark, der Schweißriemen hatte ungefähr eine Länge von sieben Metern. Ich flog sogar kopfüber über den alten Weidezaun. Dann gab die Hündin Hetzlaut. Es war einfach hoffnungslos mit dem Riemen in diesem Dickicht, noch dazu bei dieser Dunkelheit. Ich tastete mich mühselig nach dem Schweißriemen vor, bis ich die Halsung und den Hund spürte. Der war sehr aufgeregt.

»Brav, mein Hund, brav«, stöhnte ich auf dem Bauch liegend unter einer Staude. »Faß den Bock!« rief ich und schnallte Dunja ab.

Mittlerweile war Jakob neben mir und half mir wieder auf die Beine. Dann hörten wir scharfen Hetzlaut und gleich darauf wütenden Standlaut. Jakob und ich arbeiteten uns mühsam im Gelände vorwärts, und nach ungefähr 40 Metern hatten wir Dunja erreicht. Doch welch ein Anblick bot sich uns da im Schein der Taschenlampe. Der schwerkranke Bock saß im Bachbett und versuchte mit dem Geweih den Hund abzuwehren. Dunja umkreiste den Bock und ließ ihn nicht mehr weg. Jakob fing den Bock mit dem Weidblatt ab. Dann wurde Dunja erst einmal abgeliebelt und gelobt. Ich überreichte Jakob mit einem herzlichen *Weidmannsheil* den Beutebruch, und den Teil, den er mir zurückgab, steckte ich Dunja in die Halsung. Gemeinsam trugen wir den Bock durch den Graben hinunter auf die Forststraße. Aufbrechen wollten wir ihn erst vor der Jagdhütte, da hatten wir mehr Licht.

Auf der Straße angelangt, mußten wir erst einmal rasten, dazu legten wir den Bock mitten auf die Straße. Dunja saß daneben und schaute den Tierkörper unverwandt an. Ich machte Jakob darauf aufmerksam.

»Ja«, sagte der grinsend, »jetzt geht irgendwas in ihr vor!«

»Sie muß es erst einmal verarbeiten«, erklärte ich Dunjas Verhalten, »das ist immerhin ihr erstes Stück überhaupt.«

Ich blickte auf die Uhr. Inzwischen war es 11 Uhr geworden.

»Du, Jakob, wir müssen weiter, wir haben noch ungefähr einen Kilometer Weg vor uns.« Wir griffen zu, um den Bock aufzuheben: Jakob bei den Hinterläufen und ich bei den Vorderläufen. Doch plötzlich zuckten wir beide erschrocken zurück. Dunja zeigte uns die Zähne, ein mörderisches Knurren kam aus ihrem Fang, und ihre tiefliegenden Terrieraugen glitzerten böse, als ob sie sagen wollte, wir sollten die Finger da wegnehmen, das sei ganz allein ihre Beute.

»Bist du verrückt?« fluchte ich und probierte gleich nochmal, die Läufe des Bocks anzufassen.

Doch wieder dasselbe Theater. Dunja schien mich gar nicht zu hören. »Das ist der Beutetrieb«, sagte ich zu Jakob, »sie ist in einem Zwinger aufgewachsen, wo sie von Geburt an um ihr Recht am Futtertrog raufen mußte. Diesen Beutetrieb dürfen wir ihr nicht kaputtmachen. Wir müssen noch etwas Geduld haben.«

Ich redete ungefähr zehn Minuten lang auf Dunja ruhig ein. Dann war es gut. Sie kam zu mir und setzte sich neben mich. Jetzt konnten wir den Bock aufnehmen, ohne daß etwas passierte.

Bei jedem Stück, welches Dunja während der nächsten Jahre nachsuchte, passierte immer wieder dasselbe: Die ersten zehn Minuten gehörte das Stück ihr, erst dann konnten wir es übernehmen. Ein Fremder allerdings kam an das Stück nie heran, dem wäre Dunja an die Kehle gefahren.

Als wir endlich zur Hütte kamen, wurden wir schon von weitem von Norbert begrüßt, der in der Zwischenzeit angekommen war und auf uns wartete. Er rief uns ein *Weidmannsheil* zu und näherte sich uns. Dunja kannte Norbert noch nicht, und so kam, was kommen muß-

175

te. Mit lautem Gebell sprang sie Norbert an, und nur ein Schrei von mir und das reflexartige Zurückweichen von Norbert verhinderten, daß Dunja ihn an der Kehle packte. Wir waren alle erstarrt vor Betroffenheit und mußten Dunja erst wieder beruhigen.

Ja, ja, Dunja paßte auf meine Sachen sehr auf, ich konnte das Auto offen lassen, wenn sie drin saß oder meine Kleider irgendwo hinlegen. Wenn sie dabei war, kam kein Mensch mehr an die Dinge heran. Das war Dunja, erst neun Monate alt und schon so *scharf wie ein Rasiermesser.*

Im letzten Büchsenlicht

Es war Ende Oktober, und ich verbrachte mit meinen Jagdfreunden ein verlängertes Wochenende auf der Alm. Allerhand Rotwild war noch zum Abschuß frei. Um die Mittagszeit saßen wir gemütlich vor der Jagdhütte. Wir genossen den herrlichen Herbsttag. Die Sonne strahlte vom tiefblauen Himmel, und nur das Murmeln des Wassers, das vor der Hütte einen großen Trog füllte, über den Rand wieder hinunterplätscherte und im kleinen, steinigen Bachbett weiterrieselte, war das einzige Geräusch in der paradiesischen Stille dieses Bergreviers.

Wir machten Pläne, wo jeder am besten hingehen könnte.

»Ich werde hinaufschauen zum Hirschboden, es wird früh dunkel«, sagte ich in die Runde und erhob mich. »Außerdem habe ich vor, zu Fuß hinaufzupirschen, und da brauche ich ungefähr eine Stunde.«

Mein Rucksack war bald gepackt. Dann schnallte ich noch meinen Lodenumhang drauf, nahm Hund und Büchse und ging los, immer die Forststraße entlang, hinauf zur Höhe.

Der Herbst hatte bereits seinen bunten Mantel der Natur umgehängt. Von goldbraun bis purpurrot leuchtete es in den schönsten Farben, und eine Frage drängte sich mir bei diesem herrlichen Anblick plötzlich auf; eine Frage, die aus einem Lied heraus gestellt wird: Wer hat dich, du schöner Wald, aufgebaut so hoch dort oben? Lieber Gott im Himmel, wie mußt du diese Menschen lieben, daß du ihnen so etwas Schönes zum Geschenk gemacht hast. Aber nein, ich glaube nicht, daß du uns diese Natur geschenkt hast, du hast sie uns nur geliehen. Ich will sie gerne beschützen, will sie behüten, wie meinen Augapfel, soweit es in meiner Macht steht. Denn wer weiß, vielleicht kommt in unserem Zeitsystem irgendwann einmal der Tag, an dem du alles zurückfordern wirst.

»Krock, krock, krock«, schallte es hoch über mir in der Luft. Ich blickte empor. Zwei Kolkraben drehten dort ihre Kreise. Das waren schon eigenartige Gedanken, die einem so durch den Kopf wanderten, wenn man so allein unterwegs war. Vor mir strich ein aufgescheuchter Haselhahn ab.

Ich erreichte einen großen Schlag, der sich unter der Forststraße hinunterzog, so an die 250 Meter. Zwei Rehe weilten da unten. Durch das Jagdglas schaute ich sie mir an, Geiß und Kitz waren es. So wie der Wald sich verfärbt hatte, war es auch bei den Rehen: sie trugen bereits ihre dunkle Winterdecke. Die Sonne stand schon ziemlich tief, als ich von der Forststraße links in den Stichweg abbog, der hinein zum Hirschenboden oder *Toste*, wie wir hier sagten, führte. Nun hatte ich die Sonne im Rücken, und nur noch ein paar vereinzelte Strahlen brachen durch die Bäume herein. Hier einer, da einer, als wollten sie noch schnell vor dem Untergehen einen Baumstamm, ein Stück Waldboden oder, da vor mir, den bunten Laubbaum vergolden. Jetzt machte der Stichweg eine Rechtskurve und verlief dann ungefähr 30 Meter geradeaus. Dann führte links vom grasbewachsenen Stichweg ein schmaler Schlag hoch, vielleicht 80 Meter, rechts davon eine Jungkultur mit einer mächtigen Schirmfichte. Unter diese setzte ich mich. Dunja legte sich auf den Rucksack, und ich hängte mir meinen Umhang um. Es war kühl, und die Sonne, die kurz vorher noch zwischen den Baumstämmen hindurchgeblinzelt hatte, war hier schon verschwunden. Wie anders die Gegend gleich aussah, wenn die Sonne weg war! Dunkel, düster und unheimlich breitete sich der Wald vor mir aus.

Durch das Glas beobachtete ich den Schlag. Wenn sich dort oben auf der Schneid etwas blicken ließ, dann würde es sich in der Dämmerung gut gegen den Himmel abheben. Es war windstill. Gott sei Dank! Denn ich hockte auf dem Boden, und das Wild konnte von allen Seiten her kommen. Die Dämmerung senkte sich langsam nieder. Plötzlich zuckte ich zusammen. Ganz oben auf der Schneid stand plötzlich wie hingezaubert ein Fuchs. Aber was für ein Fuchs! So einen starken hatte ich noch nie gesehen. Der hatte fast die Größe eines kleinen Schäferhundes. Zuerst war ich natürlich erschrocken, denn mit freiem Auge — es war schon ziemlich dunkel — hätte ich geglaubt, es mit einem Wolf zu tun zu haben. Aber ein Blick durch das Fernglas bestätigte mir, daß es ein

Fuchs war. Der Gedanke an einen Wolf war gar nicht so absurd, war doch die jugoslawische Grenze ganz in der Nähe, und wir *spürten* diese Burschen öfter. Wölfe zogen hier wahrscheinlich auf jahrhundertealten Wechseln umher, um dann wieder in den unendlichen Weiten der jugoslawischen Wälder zu verschwinden.

Der Fuchs schnürte jetzt den Schlag herunter. Mittlerweile war es so dunkel geworden, daß ich ihn trotz des starken Jagdglases nicht mehr ausmachen konnte.

Hinter mir knackste es plötzlich, und ich lauschte gespannt. Doch bald war es wieder still. Der Fuchs konnte es nicht gewesen sein; denn er hätte ja gezwungenermaßen den Weg vor mir queren müssen, und da hätte ich ihn auf jeden Fall gesehen. Hinter mir breitete sich eine alte versauerte Wiese aus, die vor einigen Jahren aufgeforstet wurde und jetzt schon mit einer ungefähr drei Meter hohen Fichtenkultur bestockt war. Und ein Fuchs, mit seinem leichten Körpergewicht, wäre da geräuschlos über den Wiesenboden gehuscht. Wieder krachte es hinter mir, das mußte ein schweres Wild sein, wahrscheinlich Rotwild. Ich machte mich so klein wie möglich und lehnte mich mit der rechten Schulter an den Stamm der Schirmfichte. Mein Herz klopfte wie wild, und in meinen Ohren spürte ich ein komisches Rauschen. Den Mund hatte ich leicht geöffnet, um besser Luft holen zu können. Außerdem bildete ich mir ein, mit offenem Mund besser hören zu können als mit geschlossenem. Es war so still, daß mir das Pochen meines Herzens wie laute Paukenschläge vorkam. Das Stück mußte ganz in meiner Nähe sein. Ich wagte es nicht, mich auch nur einen Millimeter zu bewegen. Nun vernahm ich sogar das Schleifen von Ästen an einem Körper, und einen Augenblick später zog ein Rottier etwa acht Meter rechts neben mir aus der Kultur heraus. Dann verhoffte es und sicherte zum Schlag hin. Da stand es nun drei Minuten lang vollkommen reglos neben mir. Zum Greifen nahe, wie man sagen würde. Jetzt hätte ich noch schießen können, so viel konnte ich gerade noch sehen. Aber wenn das Tier erst einmal in den vor mir liegenden, ziemlich steil aufwärts gehenden Schlag einwechselte, würde es mit dem dunklen Hintergrund des Schlages verschmelzen, und dann hätte ich nichts mehr sehen können. Solange es aber so nahe neben mir stand, durfte ich nicht einmal versuchen, die Büchse, die quer über meinen Knien lag, in Anschlag zu bringen, weil das Tier mich sofort bemerken würde. Ich mußte also noch zuwarten, zumindest bis es vorn auf dem schmalen

Stichweg stand, oder noch besser, bis es die Wegböschung hinauf zum Schlag wechselte. Genau auf der Kante der Böschung würde es sich gut vom Boden abheben, und auf jeden Fall mußte ich mit dem Jagdglas noch einen Blick auf die Hinterläufe machen. Nicht, daß da womöglich ein Gesäuge vorhanden war. Das wäre nämlich schlimm, wenn ich ein Tier von seinem Kalb wegschießen würde. Da machte ich mir bestimmt ewig Vorwürfe.

Langsam zog das Tier hinaus auf den Weg und begann seelenruhig an der Böschung zu äsen. Wie der Blitz hatte ich das Jagdglas an den Augen. Nein, ich konnte nichts entdecken, aber es war halt auch schon sehr dunkel. Ich wartete noch einige Minuten und beschloß zu schießen, wenn bis dahin kein Kalb auftauchen würde. Zwar wäre es dann schon finster, aber soviel könnte ich schon noch sehen, um dem Stück die Kugel anzutragen. Das Tier stand ja höchstens 20 Meter von mir entfernt an der Wegböschung. Da spürte ich eine Bewegung neben mir: Dunja saß neben mir, und ihr Hals wurde immer länger. Ich ahnte schon, wie sie Wind holte. Oh Gott, schnell legte ich ihr meine linke Hand über den Fang. Jetzt durfte sie ja nicht winseln. Vor ungefähr einem Jahr hatte ich nämlich hier an derselben Stelle mit meinem Freund Friedhelm gesessen, und als uns gegenüber ein guter Abschußhirsch aus dem Holz kam und Friedhelm den Stutzen schon bereit hatte, winselte Dunja vor lauter Aufregung, und weg war der Hirsch. Friedhelm erinnerte sich bestimmt an dieses Erlebnis und würde lachen, läse er diese Zeilen. Aber mir war damals das Lachen vergangen. Diese Gedanken schossen mir durch den Kopf, als ich Dunja locker den Fang zuhielt.

Die fünf Minuten Zuwartens waren vorbei, und kein Kalb war nachgekommen. Das hieß natürlich nicht, daß es nicht doch noch irgendwo versteckt blieb, aber das schien mir eher unwahrscheinlich. Das Tier stieg die Böschung hinauf und begann, bedächtig nach rechts hin zu äsen. Mein Augenblick war gekommen, ich richtete das Fadenkreuz auf das Tier, konnte sogar noch ganz gut sehen und schoß. Einen Augenblick lang war ich geblendet vom Mündungsfeuer, und als sich meine Augen wieder an die Dunkelheit gewöhnt hatten, war die Wegböschung vor mir leer. »Da heißt es morgen nachsuchen«, sagte ich leise zu meinem Hund. »Hoffentlich habe ich auch gut getroffen, denn die Jagdgrenze war ganz nahe.«

Am nächsten Tag begleitete mich Jakob gleich nach der Morgenpirsch zum Nachsuchen. Um halb neun hatte ich Dunja am Anschuß vorschriftsmäßig angesetzt. Ich war sehr neugierig, denn immerhin war die Schweißfährte schon 14 Stunden alt und über Nacht gestanden. Das war eine große Aufgabe für Dunja. Langsam und bedächtig suchte sie den Anschuß ab, aber gleich zog sie rechts weg parallel zum schmalen Stichweg, immer schön oberhalb der Böschung. Dann führte sie durch einen schmalen Streifen lichten Holzes hindurch, hinunter, überquerte den Weg und lief den Grenzgraben hinab. Erst fünf Meter vor der Jagdgrenze wurde der Schweißriemen in meiner Hand schlaff, und Dunja gab Standlaut. Hier in diesem hohen, gelben Gras lag das Tier. Mein Freund Jakob überreichte mir mit einem herzlichen Weidmannsheil den Beutebruch. Und dann gehörte das Stück für zehn Minuten wieder meiner Dunja.

Glück gehabt

Mit meinen Jagdfreunden Hermann und Jakob verbrachte ich wieder einmal, wie so oft im Herbst, ein verlängertes Wochenende auf der Alm. Die Hirschbrunft war schon lange vorbei, aber im Revier spürte man sehr viel Rotwild. Wir saßen abends gemütlich bei einer Flasche Wein in der Hütte zusammen und schmiedeten Pläne für den nächsten Tag. Wir überlegten, welchen Hochsitz wir denn für die Beobachtung eines Hirschen wählen sollten, von wo man am ehesten Rotwild am Rückwechsel abfangen könnte oder ob es gut sei, sich in einen Graben hineinzusetzen, wo von überall her etwas kommen konnte.

»Wenn ihr euch für einen bestimmten Platz oder Hochsitz entschieden habt, müßt ihr diesen nur rechtzeitig im Finstern erreichen und dann das Morgengrauen abwarten!« belehrte ich meine Freunde.

Ich plante für den nächsten Morgen eine Pirsch, und zwar auf dem alten Weg über die Wiese hinauf bis zur Fütterung am *mittleren Weg* und von dort weiter den alten Karrenweg hinaus bis zum Grenzgraben. Dort wollte ich mich hinsetzen und den Graben unter dem Weg beobachten, denn wenn Rotwild von der Äsung auf den Wiesen im Morgengrauen zurückwechselte, war das dort draußen bestimmt ein guter Platz.

»Ich werde um sechs Uhr früh von der Hütte aufbrechen«, sagte ich.

»Das ist viel zu bald«, meinte Hermann, »da ist es ja noch stockfinster!«

»Das macht nichts«, wehrte ich ab, »denn bis ich oben

den *mittleren Weg* erreiche, ist es ohnehin schon grau. Da kann ich dann gleich die kleine Wiese links vom Weg, bevor man in den Wald hineinkommt, beobachten.«

Hermann konnte schlecht früh aufstehen: Bei ihm waren abends die Schuhe warm und morgens das Bett.

Am nächsten Morgen verließ ich pünktlich um sechs die Hütte. Es war noch dunkel, und über mir wölbte sich ein sternenklarer Novemberhimmel. In der nächsten halben Stunde würde es grau werden, genau die richtige Zeit, freute ich mich und marschierte mit Dunja langsam und vorsichtig die Forststraße entlang. Bei jedem Schritt hob ich meine Füße hoch, um ja nicht mit dem Schuh einen Stein vor mir herzustoßen. Dann bog ich von der Forststraße ab in den grasbewachsenen alten Karrenweg ein, der in einer weitgezogenen Linkskurve die steile Wiese vor mir hinaufführte. Links des Weges lag eine größere Wiese, die sich sanft hinunterzog, dann folgte wieder Jungkultur und Laubholz. Im letzten Drittel brach der Weg etwas ab und führte als kleiner Hohlweg weiter. Genau an dieser Stelle verweilte ich und lauschte, denn mir war, als hätte ich Steine rollen gehört. Ja, ich vernahm ganz deutlich das Rieseln kleiner Steinchen. Vor mir mußte etwas genau durch diesen abgebrochenen Hohlweg kommen. Vorsichtig hob ich das Jagdglas, aber ich konnte noch nichts Genaues sehen. Erst in ein paar Minuten würde es soweit sein, daß ich ein Stück Wild oder zumindest die Konturen im Glas wahrnehmen konnte. Mucksmäuschenstill wartete ich. Ein Blick hinunter zu Dunja sagte mir alles: sie hatte Wild in der Nase und zitterte wie Espenlaub vor lauter Aufregung. Da war höchste Vorsicht geboten!

Bald war es so dämmrig geworden, daß ich deutlich

den alten Karrenweg mit dem Abbruch vor mir ausmachen konnte. Nach dem schottrigen Abbruch stieg der Weg wieder leicht bergauf. Rechts von mir befand sich ein kleines Mischwäldchen, und danach kam eine kleine, recht idyllische Wiese, die von drei Seiten vom Mischwald eingerahmt war. An der offenen Seite führte der Weg vorbei, auf dem ich mich jetzt befand. Links oberhalb des Weges wuchsen, wie als Abgrenzung zur oberen Wiese, eine Reihe schwacher Fichtenbäume. Ich stieg ganz vorsichtig den abgebrochenen Weg hinunter und auf der anderen Seite wieder hinauf. Langsam, ganz langsam pirschte ich vorwärts und blieb immer wieder stehen, um zu lauschen. Schon wollte ich zwei Schritte weitergehen, als ich plötzlich wie angewurzelt anhielt. Ich hatte ein Geräusch gehört, das mir das Herz bis in den Hals herauf schlagen ließ. Ja, da war es wieder ganz deutlich zu hören, das Rupfen von Gras. Das war sicher ein Stück Rotwild, höchstens zehn Meter von mir entfernt, es mußte oberhalb des Weges sein, irgendwo hinter den Fichten auf der Wiese. Blitzschnell nahm ich den Stutzen von der Schulter und kniete mit dem rechten Fuß nieder. Den linken Ellbogen stützte ich auf dem angewinkelten linken Knie auf und war so schußbereit. Gespannt beobachtete ich den schmalen Weg vor mir durch das Zielfernrohr meiner Büchse. Das Rupfen kam immer näher, dann tauchte im Zielfernrohr ein schwarzer *Mugl* auf. Ja, das ist Rotwild! fuhr es mir durch den Kopf.

Ein Tier war es auf jeden Fall, soviel konnte ich gerade erkennen, denn es war doch noch ziemlich dunkel. Das Tier äste auf dem Weg und hob sich schön vom Boden ab.

Da kann kein Kalb dabei sein, sonst wäre es schon

längst hier, sagte ich mir und setzte das Fadenkreuz eine Handbreit hinter das Blatt.

Als der Schuß aus dem Stutzen die morgendliche Stille zerriß, konnte ich trotz leichter Sichtbehinderung durch das Mündungsfeuer gerade noch sehen, daß das Stück einen Purzelbaum über die Wegböschung schlug. *Weidmannsheil,* lobte ich mich selbst. Das Tier lag gleich unter dem Weg auf der Wiese. Dunja, die die ganze Zeit über brav neben mir gesessen hatte, nahm ich an die Leine und schlenderte zurück zur Jagdhütte. Aus Erfahrung wußte ich, daß man beschossenes Rotwild ja nicht sofort nachsuchen sollte, je länger man wartete, um so besser. Im Lauf der Jahre hatte ich mir eine eigene Zeit vorgegeben, mindestens drei Stunden genehmigte ich mir, davor gab es für mich keine Nachsuche.

Um sieben erreichte ich die Hütte. Meine Kollegen kamen erst um halb neun von ihrer Frühpirsch zurück. Mittlerweile hatte ich mich in der Hütte beschäftigt, eingeheizt, Holz geholt und Kaffee gekocht.

»Was hast du denn geschossen?« fragte Jakob neugierig.

»Ein Tier. Es liegt gleich unter der Wegböschung oben auf der Wiese. Wenn ihr mit dem Frühstück fertig seid, gehen wir hinauf und holen das Stück.«

Eine Stunde später brachen wir zu der besagten Stelle auf, von der aus ich auf das Rottier geschossen hatte.

»So«, sagte ich zu Jakob und Hermann, »von hier habe ich geschossen. Da vorn stand das Tier. Es muß direkt auf die Wiese hinuntergefallen sein. Diesmal brauchen wir bestimmt keinen Hund.«

Jakob ging den Weg vor, während ich meinen Rucksack und Dunja ablegte. Ich richtete mich gerade wieder auf, als Jakob herüberrief: »Da liegt aber nichts auf der Wiese!«

Mir fuhr es siedendheiß durch den Kopf. »Das gibt es doch nicht«, wunderte ich mich und lief vor zu Jakob.

Tatsächlich, die Wiese war leer. Nicht ein Haar zu sehen. »Es war wohl noch verdammt dunkel, als du geschossen hast?« fragte Hermann.

»Ja, das stimmt«, entgegnete ich, »aber soviel konnte ich sehen, daß es ein Tier war. Und auf diese kurze Distanz konnte ich unmöglich vorbeischießen!«

»Möglich ist alles«, schmunzelte Jakob, »aber wozu haben wir denn einen Hund! Her mit ihm! Dann gibt es eben doch ein Nachsuchen!«

»Genau hier muß das Stück gestanden sein.« Gemeinsam untersuchten wir den Anschuß, doch kein Schweiß war zu sehen, nicht einmal ein Tropfen, kein Schnitthaar, nichts.

Ich begab mich zurück zu Dunja, die uns schon die ganze Zeit aufmerksam beobachtet hatte. Als ich jetzt den Schweißriemen aus dem Rucksack herausholte, gebärdete sie sich ganz aufgeregt. Sie wußte sofort, was auf sie zukam. Ich ging mit ihr zum Abschuß, und ohne viel herumzuschnüffeln, zog sie über den Weg hinunter auf die kleine, steile Wiese. Ich gab ihr die ganze Länge des Schweißriemens. Dunja zog bis zur Mitte der Wiese gerade hinunter, schlug einen Haken nach links und zog weiter schräg bergab auf ein sumpfiges Erlengehölz zu. In diesem Dickicht hatte ich schon Mühe, ihr zu folgen, und überlegte gerade, ob ich sie nicht besser schnallen sollte. Doch dann gab Dunja vor mir Laut. Ich mußte noch ein paar dichte Büsche, die mir die Sicht versperrten, umrunden, um zu ihr zu gelangen. Dunja fuhr gerade einem Stück an die Drossel und schüttelte es immer wieder. Na ja, und ich war ganz schön erschrocken, denn ich stand nicht, wie ich erwartet hatte, vor einem Tier, sondern vor einem Spießerhirsch. Er hatte Gottseidank nur 15 Zentimeter kurze Spieße, aber immerhin, es war ein Hirsch. Ein Abschußhirsch zwar, aber trotzdem, ich hatte die kurzen Spieße nicht bemerkt. Es war halt doch noch etwas dunkel gewesen heute morgen. Das war mir eine Lehre. Nicht auszudenken, wenn es ein kapitaler Spießer gewesen wäre, da wäre mir dann ein schwerer Fehlschuß angekreidet worden.

»Da hast du ja noch richtig Glück gehabt.« Jakob lachte und überreichte mir mit herzlichem *Weidmannsheil* den Beutebruch.

Wieder einmal hätten wir *ganz schön alt* ausgesehen ohne den Hund.

Bittere Stunden

Im Juni 1985 hatte ich wieder Gelegenheit, mit Dunja zur Hundeausstellung nach Klagenfurt zu fahren. Wie immer gab es viel Betrieb auf der Ausstellung. Ich bekam mit Dunja eine Koje direkt neben den *Welsh-Terriern* zugewiesen. Diese waren ebenfalls vorzügliche Jagdhunde, sahen den deutschen Jagdterriern sehr ähnlich und unterschieden sich hauptsächlich in der Farbe. Der Welsh-Terrier war lohfarben, mit schwarzem Sattel und wurde ebenfalls für die Baujagd verwendet. Als Dunja zur Bewertung kam, erhielt sie ob ihres schwachen Haares gerade noch ein *sehr gut,* ich wußte das sehr wohl. Trotz der hübschen goldfarbenen Medaille, mit dem Abdruck von zwei Pfoten darauf, konnte ich mich nicht so recht freuen. Ich wußte, daß Dunja krank war. Sie litt unter einer geheimnisvollen Blutkrankheit. Das begann mit ihrer ersten Läufigkeit, da bekam sie einen derart starken Juckreiz, daß sie sich am Bauch blutig kratzte. Damit ging auch der Haarausfall einher. In der ersten Zeit hatte der Tierarzt die Krankheit schnell im Griff. Ich bekam eine Salbe, mit der ich den Hund mehrmals am Tag einreiben mußte. Zusätzlich erhielt Dunja eine oder zwei Injektionen, dann war für einige Monate wieder alles gut. Aber bald darauf traten die Symptome wieder auf, und wir mußten erneut zum Tierarzt. Vorerst halfen die Injektionen für einige Monate, aber die krankheitsfreien Abstände verkürzten sich im Lauf der Zeit immer mehr, und im Sommer mußte ich schon fast alle 14 Tage zum Tierarzt. Dunja hatte sich am ganzen Körper wundgekratzt. Auf dem Rücken hatte sie so gut wie überhaupt keine Haare mehr, nur noch verkrustete, teilweise nässende Flechten. Sie sah furchtbar aus und litt auch schrecklich unter diesem Juckreiz.

Eines Tages, Ende Oktober, teilte mir der Tierarzt mit, daß er dem bedauernswerten Geschöpf nicht mehr helfen könne. Ich nahm Dunja, fuhr nach Hause und sagte meiner Familie, was los war. »Was wirst du jetzt tun?« fragte meine Frau enttäuscht.

»Auf keinen Fall lasse ich Dunja eine Spritze geben. Das habe ich einmal gemacht, bei unserem Dackel. Nein, das würde ich nicht aushalten! Ich werde Dunja irgendwann in den nächsten Tagen im Revier erschießen!«

Und so geschah es auch zwei Wochen später. Dunja war auf der Wiese vor der Jagdhütte mit einem Maulwurf beschäftigt. Sie bemerkte mich gar nicht, als ich hinter sie trat und den Schuß abgab. Sofort sank sie in sich zusammen. *Verraucht war das Pulver, verweht ihr Gebell, leb wohl Dunja, mein kleiner tapferer Weidgesell!* Als ich zu ihr hintrat, waren ihre Augen schon gebrochen. Ich konnte mich nicht mehr halten und brach in Tränen aus. Jakob und Norbert kamen aus der Hütte. »Daß du so schnell Schluß machst, hätte ich nicht gedacht!« sagte Jakob mitfühlend. »Aber es hätte keinen Sinn gehabt, das Vorhaben noch Stunden vor sich herzuschieben!«

Gemeinsam begruben wir Dunja unterhalb der Jagdhütte unter einem mächtigen, alten Erlenbaum. Nur fünf kurze Jahre waren mir vergönnt gewesen, mit dieser so sensiblen, zarten und doch so scharfen Hündin zu jagen. Ziellos streifte ich stundenlang durch das Revier und ließ diese letzten fünf Jahre mit Dunja noch einmal vor meinem geistigen Auge ablaufen. Überall meinte ich, Dunjas Gesicht neben mir herlaufen zu sehen. Heiße Tränen rollten über meine Wangen. Wo ich auch anhielt und mich umdrehte, glaubte ich, Dunja käme mit riesigen Sprüngen laut bellend auf mich zu. Mir war, als ob sie mich trösten wollte: »Weine nicht, du hast bewiesen, wie lieb du mich hattest, indem du mich von meinen Qualen erlöst hast!« Mir fielen die Worte Goethes ein:

Als einst die Treue sich
aus dieser Welt verloren
hat sie zu ihrem Sitz
des Hundes Herz erkoren.

Als ich an diesem traurigen Samstagabend nach Hause kam, sah mich meine Frau fragend an. Ich nahm Leine und Halsband aus dem Rucksack und hing beides wortlos an einen Haken der Garderobe im Vorhaus. Ich merkte, wie sich die Augen meiner Frau langsam mit Tränen füllten, und brauchte nichts zu sagen, sie wußte auch so, daß Dunja tot war. Wir setzten uns stumm ins Wohnzimmer und hingen unseren Gedanken nach. Einmal kollerten dem einen und dann dem anderen die Tränen über die Wangen.

Die nächsten Tage waren schrecklich. Wo wir auch hinkamen, überall fragte man uns nach dem Verbleib des Hundes. Auch zu Hause konnte kein richtiges *Klima* aufkommen. Ich war schweigsam und mürrisch. Wenn ich mit meinem Freund Jakob im Revier war, ertappte ich mich oft dabei, daß ich heimlich zurückblickte, als würde ich irgend etwas suchen. Ich erschrak dann immer und vergewisserte mich mit einem verstohlenen Blick zu Jakob, ob dieser wohl etwas bemerkt hatte. Aber mein Freund Jakob hatte einen sechsten Sinn für meine Gemütsverfassung. Vor ihm konnte ich nichts verbergen. Er wußte, wie schwer es mir ums Herz war, wenn ich es auch nicht zeigte. Jedem Menschen hätte ich etwas vormachen können, nicht aber meinem treuen Freund und Jagdgefährten. Und so war es auch gar nicht verwunderlich, als er sich an einem sonnigen Novembernachmittag, wir saßen gerade vor der Jagdhütte, mit den Worten an mich wandte: »Du wirst dir wieder einen Hund anschaffen!«

Ich hob die Hand und wollte protestieren, aber es blieb beim Wollen.

»Erzähl mir doch nichts«, unterbrach Jakob meine Geste, »du brauchst einen Hund!«

Auch meine Frau stellte fest: »So geht das nicht weiter. Wir werden wieder einen Hund kaufen. Aber es soll nicht nur ein Hund für die Jagd sein, sondern auch für die Familie, und er soll auch bei uns im Haus leben und nicht im Zwinger.«

Und dann brachte sie meine Gedanken auf die schönen Terrier, die ich bei der Ausstellung in Klagenfurt gesehen hatte.

»Ja, das sind schöne Hunde, Welsh-Terrier waren das«, sagte ich, »in der Jagdzeitung steht die Adresse dieses Welsh-Terrier Clubs.«

»Dann hol die Zeitung und ruf dort an!« drängte meine Frau. »Das ist ja nicht mehr auszuhalten bei uns!«

Auf dieses vehemente Drängen meiner Frau hin sah ich nun die letzten Hefte der Jagdzeitungen durch.

»Da ist eine Adresse, die Telefonnummer ist auch angegeben!« rief ich bald freudig.

Ganz aufgeregt wählte ich die Nummer. Das Freizeichen ertönte, und es meldete sich eine Dame aus Molln in Oberösterreich. Ich erklärte ihr, daß ich mich für einen Welsh-Terrier interessierte und ob sie mir bei der Beschaffung eines Welpen helfen könnte.

»Im Moment sieht es nicht gut aus«, erwiderte die Frau, »unsere Hündin wird erst in ungefähr sechs Wochen werfen. Aber warten Sie, da kommt gerade mein Mann, vielleicht weiß er etwas!«

Dann meldete sich ein Herr Gasser, der mir ebenfalls nur mitteilte, daß es bei seiner Hündin schlecht aussehe, und daß er schon eine Liste mit vielen Bewerbern hätte. Ich würde mich wohl noch bis zum Frühjahr gedulden müssen.

Das paßte mir aber ganz und gar nicht, denn ich wollte den Hund über den Winter und das Frühjahr hindurch an mich und meine Familie gewöhnen. Er sollte wenigstens die ersten sechs Monate mit uns ganz allein sein, erst dann würde er im Wesen so gefestigt sein, daß er später, wenn wir Gäste im Haus hätten, nicht mehr beeinflußbar ist. Das hatte ich bisher immer so gehalten, und ich war eigentlich recht erfolgreich damit. Die ersten Monate waren nämlich sehr entscheidend für die Prägung des Junghundes, da wollte ich unbedingt genügend Zeit für ihn haben. Bisher hatte ich immer Hündinnen gehabt, bis auf den Vorstehhund Heck, und nachdem bis jetzt keine Hündin auch nur im entferntesten an Heck herangekommen war, wollte ich es wieder einmal mit einem Rüden versuchen. Das waren so die Gedanken, die mir durch den Kopf schwirrten, als mich Herr Gasser am Telefon fragte, warum ich denn unbedingt und gerade jetzt so einen Welsh haben wollte.

»Ja, wissen Sie«, sagte ich, »ich brauche den Hund für die Jagd. Ich bin Aufsichtsjäger in einem 200 Hektar großen Jagdgebiet in den Karawanken. Ich brauche den Hund dringend für die Schweißarbeit.«

»Ja, das ist natürlich etwas anderes«, meinte Herr Gasser am Telefon. »Ich bin Oberförster bei den Bundesforsten, und wir geben die Hunde in erster Linie an Jäger ab. Da müssen wir auf jeden Fall eine Lösung finden. Rufen Sie mich am besten in einer Stunde noch einmal an; in der Zwischenzeit werde ich mit einem Kollegen sprechen, seine Hündin müßte irgendwann in den nächsten Tagen werfen.«

»Ja, das will ich gerne tun.« Meine Miene erhellte sich wieder, und ich bedankte mich einstweilen und legte auf.

Zu meiner Frau gewandt, sagte ich dann: »Du, das ist gar nicht so leicht, an so einen Hund heranzukommen! Na ja, aber bald wissen wir mehr.« Als ich nach einer Stunde wieder anrief, bekam ich die Telefonnummer vom *Forsthaus Annasberg*. Dort rief ich auch gleich an, und es meldete sich eine Frau Herzog: »Ja, unsere Hündin wird in den nächsten zwei, drei Tagen werfen«, erfuhr ich von ihr, »sie können gerne bei uns ein Junges bekommen.«

»Ich hätte gern einen Rüden«, gab ich meinen Wunsch bekannt.

»Gut, ich schreibe mir das auf«, bestätigte Frau Herzog.

»Ist das wohl sicher?« fragte ich noch einmal.

»Ja, natürlich, Sie sind der erste, der sich angemeldet hat. Sie können ja in vier Wochen einmal vorbeikommen und sich die Welpen ansehen. Machen Sie halt einmal einen Ausflug nach Molln.«

»Das werden wir ganz bestimmt.« Damit verabschiedete ich mich von der Dame am Telefon.

Vier Wochen später konnten wir uns die Welpen im Forsthaus ansehen. Wir waren begeistert über die drolligen Kerle. Sie wurden von der Förstersfrau auch richtig verwöhnt. Bei diesem Wurf gab es nur zwei Rüden, einer davon war besonders stark und groß. Und genau den wollte ich.

»Der wird wahrscheinlich zu groß werden für den Fuchsbau«, meinte der Förster.

»Das macht nichts«, sagte ich. »Ich brauche den Hund nur für die Schweißarbeit und als Begleitung im Revier.«

Der große Rüde wurde im Ohr gekennzeichnet, und so war ich sicher, daß ich den richtigen bekommen würde, wenn ich ihn nach weiteren vier Wochen abholen sollte.

Am 1. Januar 1986 war es dann soweit, und ich fuhr mit meiner Frau nach Molln. Dort wurde uns der kleine Kerl mit den dazugehörigen Papieren ausgehändigt. Am Nachmittag fuhren wir dann bei leichtem Schneetreiben mit *Ari,* wie der kleine Hund laut Stammbaum hieß, nach Hause. Die Förstersfrau gab uns noch einen alten Wollfetzen mit, der mit dem Geruch der Hündin behaftet war, damit er nicht gleich zu winseln begänne, wie sie meinte. Aber der kleine Ari hatte bis zuletzt mit seinen Geschwistern herumgetollt und war ohnehin todmüde, so daß er im Auto sofort einschlief. Erst bei einem Parkplatz der Tauernautobahn, nach dem Katschbergtunnel, wurde Ari wieder munter und gähnte herzhaft. Wir blieben stehen. Sicherheitshalber hatten wir eine kleine Leine und ein Halsband mitgenommen. Das legten wir Ari um und stiegen aus. Es war schon dunkel und schneite. Der kleine Hund schien sich pudelwohl zu fühlen, und daß er an der Leine war, störte ihn überhaupt nicht. Er schnüffelte im Schnee und machte unzählige Lackerln. Bald setzten wir unsere Fahrt fort, und um acht waren wir dann glücklich zu Hause angekommen. Da hatten wir schon alles vorbereitet; die Futterschüssel, den Wassernapf und das Lager.

Ari fühlte sich auf Anhieb wohl. Keine Minute trauerte er um seine Geschwister. Er wurde so richtig in die Familie aufgenommen und rund um die Uhr beschäftigt. Wir ersetzten ihm sein Rudel. Ari war ein ausgesprochen braver Hund und hat uns während seiner Welpenzeit kein einziges Mal etwas zerbissen. Er war mit uns, seinem Rudel, einfach zu beschäftigt und hatte gar keine Zeit, irgend etwas kaputtzubeißen. Alle zwei Stunden setzten wir ihn vor die Haustüre, damit er sich lösen konnte. In der Nacht wurde der Wecker alle zwei Stunden gestellt. Das war zwar mühsam, aber Ari dankte es uns auf seine Weise: Er war binnen kürzester Zeit stubenrein. Das war ein schöner Erfolg, und als Ari fünf Monate alt war, brachte ich ihm spielerisch das *Sitz* und *Platz* bei, das *Hereinkommen* und das *Fußgehen*. Er war äußerst gelehrig. Bald begann ich, mit ihm kurze Schleppen zu arbeiten, und immer wenn er eine Aufgabe brav gelöst hatte, bekam er als Belohnung einen besonderen Leckerbissen.

Mit sechs Monaten lehrte ich Ari, die ersten künstlichen Schweißfährten zu arbeiten, und ich gestaltete die Ausbildung nach und nach intensiver und die künstlichen Fährten immer länger. Ari arbeitete mit Begeisterung, denn nach jeder Arbeit bekam er wieder einen Leckerbissen, und darauf tobten und spielten wir beide. Wenn er einmal etwas hatte, was ihn mehr interessierte als ich, dann versteckte ich mich rasch. Meistens so, daß ich ihn beobachten konnte. Da kam er dann mit tiefer Nase auf meiner Fährte angesaust, und ich konnte mich gar nicht so gut verstecken, daß er mich nicht fand. Ari war ganz einfach ein Tausendsassa.

Nun steht Ari bereits im fünften Behang und hat sich zu einem wunderbaren Familienmitglied und ausgezeichneten Jagdhund entwickelt. Die Bindung zwischen mir und Ari ist einfach unheimlich. Uns eint etwas wie Liebe, was man aber gar nicht beschreiben kann. Dieses

196

Gefühl der Zusammengehörigkeit, das Verstehen, diese Liebe zum Hund hat sich so intensiv entwickelt, wie ich es nur bei Heck, meinem ersten Jagdrüden, empfunden habe. Und bei Ari kam mir das noch viel ausgeprägter vor.

Ja, das ist Ari, mein vierter Jagdhund. Er begleitet mich jetzt schon seit fast sechs Jahren durch das Bergrevier. Ich kann nur hoffen, daß er noch viele Jahre mein Begleiter sein wird.

Tier und Kalb

Ende November war noch kein Schnee gefallen, und der Boden im Revier war so trocken, daß die meisten kleinen Bäche kein Wasser mehr führten. Ich saß auf einem bequemen Hochsitz in einer alten, mächtigen Birke, gar nicht weit weg von der Jagdhütte, vielleicht zehn Minuten. Diesen Hochsitz konnte man immer mit gutem Gewissen besteigen, denn hier war man total windunabhängig. Von hier aus konnte ich auf etwa 180 Meter eine Bergwiese einsehen, die ringsum von Fichtenkulturen, Erlen und Weiden eingeschlossen war. Auf der Wiese hatten wir Jäger einmal eine große Salzlecke angebracht, die vom Wild gerne aufgesucht wurde, und Wasser gab es, wo die Erlen und Weiden wuchsen. Auf diese Wiese zog während der Nacht gerne Rotwild zur Äsung aus, aber auch Rehwild gesellte sich oft dazu. Die Wiese war um diese Jahreszeit schon ziemlich braun, aber es war noch immer genug Äsung vorhanden.

An diesem Samstagmorgen kam ich erst relativ spät

auf den Hochsitz, es war immerhin schon halb sieben Uhr, und es graute bereits. Mein Freund Jakob weilte ebenfalls auf einem nahen Hochsitz. Am Vorabend hatten wir ein bißchen *gebechert,* und daher waren wir einfach zu bequem, um irgendwo weiter weg zu gehen, außerdem wollten wir ohnehin am Mittag wieder nach Hause fahren. Ein eisiger Wind wehte, ich kuschelte mich in meinen Mantel und machte mich so klein wie möglich. Langsam wurde es hell, doch die Wiese war leer. Nicht einmal ein Reh ließ sich blicken! Na ja, auch ganz gut, das war sowieso immer so eine Sache mit der Jagd am letzten Tag. Es brauchte bloß einer etwas zu schießen, womöglich noch eine schwierige Nachsuche, dann konnte man glatt hierbleiben. Darum war es mir eigentlich ganz recht, daß kein Wild zu sehen war. Bis halb acht wollte ich noch sitzenbleiben. Bei dem Wind stieg ohnehin nichts heraus. Eine Meise setzte sich neben mich auf einen Ast und guckte mich neugierig an. Ich hätte sie fast greifen können. Welch hübsche Farben sie zeigte! Dann zwitscherte sie aufgeregt drauf los. Sie sah richtig drollig aus. Unwillkürlich rutschte mir ein Lacher aus, und schwupp, weg war sie mit zeterndem Protestgeschrei.

Jetzt war es Zeit zum Abbaumen. Ein kurzer Blick noch hinunter auf die Wiese, nichts. Dann erhob ich mich und hielt auch gleich in der nächsten Sekunde in gebückter Stellung wie erstarrt inne. Da zog ganz unten aus der Jungkultur ein Rottier heraus. War das möglich? Am hellichten Tag? Ganz leise setzte ich mich wieder hin und schaute mir das Tier durch das Jagdglas an. Es war ein altes Tier, das Kalb kam auch bald darauf nach. Ich konnte es gar nicht fassen. Was sollte ich bloß tun?

Tiere und Kälber waren noch frei. Wenn ich das Stück noch schießen wollte, würde ich das Nach-Hause-Fahren verschieben müssen! Auf jeden Fall reizte es mich, das Kalb zu schießen, und wenn ich schnell genug war, könnte ich auch noch das Tier packen. Beide Stücke zogen nun schräg über die Wiese hinauf. Aha, dachte ich mir, die wollen hinten in den Erlengraben hinein. Unmöglich zu schießen, erstens zeigten mir Tier und Kalb dauernd den Spiegel, und zweitens zogen sie richtig aufgedeckt. Ich konnte das Kalb nicht beschießen, ohne Gefahr zu laufen, auch das Tier zu treffen. Beim Kalb hätte ich auf jeden Fall einen Ausschuß. Nein, nein, ich mußte warten, bis sich das Kalb frei stellte. Denn zuerst mußte immer das Kalb genommen werden. Dann entfernte sich das Kalb vom Tier und stand breit äsend gegen die Wiesenmitte herein.

Blitzschnell hob ich den Stutzen, das Fadenkreuz faßte hinter das Blatt des Kalbes, und donnernd brach der Schuß durch die Stille des Morgens. Aus dem Augenwinkel sah ich noch, wie das Kalb vorne hochfuhr, doch ich hatte nur noch Augen für das Tier. Geschwind repetierte ich eine neue Patrone in den Lauf. Das Tier kam in rasender Flucht über die Wiese herunter auf die Fichtenkultur zu. Zwei Meter vor der Dickung verhoffte es einen Herzschlag lang. Genau in diesem Moment faßte das Fadenkreuz hinter das Blatt, und als der Schuß aus dem Lauf fuhr, sprang das Tier ab. Verdammt, ich war zu weit hinten. Wer weiß, am Ende hatte ich überhaupt ganz danebengeschossen! Und vom Kalb war auch nichts zu sehen. Na, das konnte ja heiter werden, der Samstag war damit jedenfalls schon gelaufen, und an eine Heimfahrt zu Mittag war überhaupt nicht mehr zu denken. Es war acht Uhr, und vor zwölf konnte ich nicht nachsuchen.

Ich zwang mich erst einmal, in Ruhe zur Jagdhütte zurückzukehren und nur ja keine Hektik aufkommen zu lassen. Jakob wartete schon auf mich. Ich erzählte ihm gleich, daß ich Tier und Kalb beschossen hatte: »Das Kalb liegt bestimmt irgendwo in den Erlen. Nur das Tier . . ., da bin ich mir gar nicht sicher, wie das mit dem Schuß auf das Tier war!« fügte ich gleich hinzu.

»Wir werden ja sehen«, murmelte ich, »laß uns erst mal in aller Ruhe frühstücken!«

Nach dem Essen räumten wir die Hütte zusammen. Um zwölf Mittag begaben wir uns zur Wiese. Der kalte Wind wehte noch immer, und noch dazu begann es, leise zu nieseln. Ari hatte das Kalb gleich gefunden, es lag 30 Meter vom Anschuß entfernt in den Erlen. Der Hund gab sofort Laut und fuhr dem Stück an die Drossel. Ich nahm den Hund weg und lobte und streichelte ihn. Dann ging ich vom Kalb weg, ungefähr 50 Meter zum Anschuß des Tieres. Dort setzte ich Ari erst einmal ab und untersuchte den Boden. Ich konnte keinen Schweiß finden, im Boden war aber auch kein Loch zu entdecken, so daß ich hätte sagen können, ich habe daneben geschossen. Es nützte alles nichts, ich mußte Ari wieder an den Schweißriemen nehmen. Nachdem Ari sich am Anschuß angesaugt hatte, zog er gleich hinaus in die Fichtendickung. Die Kultur stand so dicht, daß ich auf allen vieren hinter dem Hund herkriechen mußte. Nach der Fichtendickung befanden wir uns im lichten Erlengehölz. Da! Ari verwies plötzlich Schweiß, und auf dem Laub waren wirklich große wäßrige Schweißtropfen zu sehen. Auf einmal polterte es vor mir weg. Oh je, ich hatte das weidwunde Stück aufgemüdet. Oder war es vielleicht ein anderes Stück? Gleich darauf blieb Ari bei einem Wundbett stehen. Ich legte meine Hand darauf. Ja, der Boden fühlte sich noch warm an, und jede Menge wäßriger Schweiß war auch zu sehen. Ich hatte das Stück also doch etwas hinten erwischt und jetzt noch dazu aufgemüdet. Da gab es nur eines: Die Nachsuche sofort abbrechen und auf den nächsten Tag verschieben. Ich teilte Jakob meinen Entschluß mit.

»Da kann man nichts machen«, meinte er, »wir müssen nach Hause telefonieren, daß wir heute nicht kommen, damit sich unsere Frauen keine Sorgen machen!«

»Ja«, stimmte ich zu, »das müssen wir wohl, und eine Jause brauchen wir auch noch. Unsere Proviantdosen sind nämlich leer!«

Gesagt, getan. Wir fuhren hinunter in den Ort, kauften uns eine Jause und telefonierten nach Hause, wobei uns ersteres auf jeden Fall leichter fiel. Am Abend machten wir es uns in der Hütte noch einmal richtig gemütlich. In der Zwischenzeit begann es auch, leicht zu schneien. Und damit wir besonders gut schlafen konnten, tranken wir noch eine Flasche Rotwein.

Am nächsten Morgen hockten wir bereits um halb neun wieder auf der Wiese beim Anschuß. Es war bitterkalt, und die Wiese war mit gut einem Zentimeter Schnee angezuckert. Ich ging mit Ari gleich bis zum Wundbett vor und setzte ihn dort wieder an. Ari nahm die Fährte sofort auf und zog auf einem alten Wechsel durch das Erlenholz. Dann ging es steil über einen Abhang hinunter zum Wildbach.

»Oh Gott«, fuhr es mir durch den Kopf, »ist das Stück vielleicht über den Wildbach hinüber?«

Da gab Ari plötzlich Standlaut. Er verweilte am Ufer des Wildbaches, der an dieser Stelle ungefähr fünf Meter breit sein mochte, und starrte ins Wasser. Da bemerkte ich das Tier, es lag versteckt im Wasser zwischen großen Felsbrocken und Ästen.

Gute zwei Stunden schufteten Jakob und ich, bis wir das Tier oben auf der Wiese hatten. Ich war trotzdem überglücklich, denn zwei Stück Rotwild auf einmal zu erlegen, da mußte man schon gut beieinander sein. Besonders stolz war ich auf Ari, hatte er doch eine brillante Arbeit geleistet. In so einem Fall merkte man erst, wie haushoch so ein Hund dem Menschen überlegen ist.

Aris Meisterprüfung

Anfang Dezember lag noch wenig Schnee im Revier, hauptsächlich auf der Schattenseite. Dort, wo die Sonne hinkam, war er schon längst wieder weggetaut. Aber das schien sich zu ändern, denn ein stürmischer Wind blies vom Südwesten her in den Trögerner Talkessel. Nach meiner Meinung mußte das ein richtiger Schneewind sein. Fröstelnd zog ich die Schultern hoch und beschleunigte meine Schritte. Vom langen Zuwarten auf dem Hochsitz war ich steifgefroren.

»Das hält ja kein Mensch aus in dieser Kälte«, murmelte ich vor mich hin. Jakob schien etwas geschossen zu haben; vor einer halben Stunde hatte ich deutlich einen Schuß gehört. Wir hatten noch den Geißabschuß zu erfüllen. Und das war gar nicht so einfach, denn es sollten nach Möglichkeit alte oder sehr schwache, nicht führende Stücke sein. Ein Windstoß riß mir den Hut vom Kopf, und rollte ihn wie ein Rad vor mir her. Immer wenn ich zupacken wollte, hob ihn der Wind wieder hoch, und er kugelte weiter. Das war ja unmöglich! Ich lief hinter dem Hut her, aber der Wind kannte kein Erbarmen.

»Um Gottes Willen, der Hut wird doch nicht über die Böschung hinunterrollen?« Verzweifelt versuchte ich meiner Kopfbedeckung habhaft zu werden.

Zu spät, jetzt lag er genau auf der Kante der Wegböschung und wippte im Wind hin und her, als wollte er sich überlegen, ob er hinunterfallen oder oben bleiben sollte. Ich versuchte mit dem Bergstock, den Hut zu greifen. Es war eine verzweifelte Anstrengung, dieses Fangspiel zu beenden und meinen alten Jagdhut zu erwischen. Und es hätte auch geklappt, wenn ich bloß getroffen hätte! Aber so haute ich nur ein Loch in die geschotterte Forststraße und im nächsten Augenblick stürzte meine edle Kopfbedeckung in die Tiefe. Der Tschako kollerte etwa 20 Meter eine steile Geröllhalde hinunter und blieb, auch das noch, zwischen zwei Felsbrocken liegen. Da half alles nichts, ich mußte da hinunter. Ich wollte gerade den Rucksack ablegen, da hielt ich plötzlich inne. Warum sollte eigentlich ich da hinunter, wo ich doch einen Hund hatte? Der hatte schließlich vier Läufe, ich nur zwei, und jünger war er obendrein. Und so trat die Hierarchie der Befehlsgebung in Kraft. Der Ranghöhere befahl dem Rangniedrigeren, und Ari, der alles, was zur Jagdausrüstung gehörte, vornehmlich Bekleidung, über alles liebte, stürzte sich wie ein Jagdflieger in die Tiefe. Kurz darauf hatte ich meinen Hut wieder. Es ging halt doch nichts über einen guten Hund.

Einige Zeit später war ich bei der Jagdhütte. Die ersten Schneeflocken tanzten bereits vom Himmel. Jakob wartete schon ungeduldig auf mich. »Na, was hast du denn geschossen?« fragte ich.

»Eine schwache Geiß! Sie muß gleich unter der Straße liegen. Ich bin eigens nicht hingegangen, damit Ari etwas zum Arbeiten hat.«

»Ja. Das ist klug«, sagte ich zu Jakob. »Schnell, laß uns frühstücken, dann gehen wir hinaus und holen das Reh!«

»Sollen wir eine Waffe mitnehmen?« fragte ich Jakob.

»Nein, die brauchen wir nicht. Sie wäre nur hinderlich beim Tragen des Rehs, und die Geiß ist eh längst verendet!«

»In Ordnung, dann brauchen wir nur ein Messer zum Aufbrechen und den Hund!«

Wir marschierten hinaus und waren kurze Zeit später beim Anschuß. »Ja, da ist ja schon jede Menge Schweiß«, stellte ich fest.

Ich ging ein paar Schritte vor und schaute die Wegböschung hinunter, aber nirgendwo sah ich ein Reh.

»Du, Jakob«, rief ich, »komm einmal her. Da liegt gar keine Geiß!«

Beide standen wir ratlos da und suchten mit unseren Blicken die kleine Wiese ab. Nichts war zu sehen.

»Das versteh ich nicht«, meinte Jakob, »ich hab genau gesehen, wie es die Geiß über die Böschung geworfen hat.«

Und dann blieb uns beiden vor lauter Schreck fast der Atem weg. Ganz unten am Rand der Wiese, wo die Jungkultur begann, wurde plötzlich ein Reh hoch. Mit freiem Auge konnten wir sehen, daß dás Stück schwer krank war.

»Das ist die Geiß!« schrie Jakob entsetzt. »Um Gottes Willen, und wir haben kein Gewehr mit, um einen Fangschuß anzubringen!«

Die einzige wirksame Waffe, die wir hatten, hing bei mir an der Leine: Ari. Und der wurde jetzt geschnallt. Mit tiefer Nase sauste er die Wiese hinunter, und wir hinter ihm her. Jetzt hörten wir das Reh klagen, und gleich darauf waren wir an Ort und Stelle des Geschehens: Ari hatte die Rehgeiß gleich an der Drossel gepackt und niedergezogen. Jakob konnte nun die Geiß mit dem Weidblatt knicken. Das war das erste Stück, das Ari niedergezogen hatte — eine meisterhafte Leistung war das gewesen. Ohne Hund hätten wir das Stück überhaupt nicht bekommen.

Trögerner Nächte

Es war im Weinmonat 1988. Jakob und ich hatten zwei deutsche Jagdgäste auf unserer Hütte. Wir waren schon zwei Tage heroben, aber es wollte nicht so recht laufen. Kein einziges Stück Wild bekamen wir in Anblick. Der letzte Abend war schon angebrochen, denn am nächsten Nachmittag wollten wir wieder heimfahren, und so beschlossen wir, mit unseren deutschen Freunden mit einer guten Flasche Wein anzustoßen. Und so begann recht harmlos nach der Abendpirsch ein schöner Hüttenabend. Nach einer kräftigen Jause, die wir mit dem notwendigen Bier hinunterspülten, kam der Wein an die Reihe. Einer von den deutschen Gästen war von Beruf Zahnarzt, der andere Steinmetzmeister und Bildhauer, und das ergab natürlich herrlichen Gesprächsstoff. Nach der vierten Flasche Wein versprach der Zahnarzt, sich unserer Beißerchen anzunehmen, wenn er das nächste Mal wiederkäme, und zwar wollte er das gleich ohne große Geschichten auf der Jagdhütte erledigen. Und der Steinmetz versprach, uns nicht *zu,* sondern *aus* Stein zu hauen. Ja, was doch die Reben, reichlich genossen, für Blüten trieben.

Bevor das noch schlimmer wurde, verabschiedete ich mich und suchte mein Bett auf. Auch der Bildhauer hatte genug und begab sich in Orpheus' Arme. Nur Jakob und der Doktor blieben noch fröhlich sitzen. Sie hatten scheinbar noch nicht genug und ließen einen weiteren Korken knallen. Dabei meldete sich wohl der *Weingeist* und verzauberte Jakob, indem er ihm zurief:

Jakob, lieber Jakob,
erlöse mich aus dieser Flasche,
trink sie aus,
ich will hier raus,
dann komm ich zu dir
und schöne Träume verspreche ich dir!

Jakob erbarmte sich: er und der Doktor genehmigten sich noch eine Flasche. Sie machten einen höllischen Krawall, der mich nicht richtig schlafen ließ, so döste ich nur dahin. Wieder hörte ich einen Korken knallen.

Na, wenn das nur gut geht! dachte ich noch. Am nächsten Vormittag hatten wir schließlich vor, einen ausgedehnten Reviergang zu unternehmen. Von einer Frühpirsch konnte jetzt wohl keine Rede mehr sein. Doch was soll's, auch das muß einmal sein, murmelte ich vor mich hin und schlief ein.

Doch der Schlaf war nicht von langer Dauer. Um zwei Uhr früh schmetterte Jakob zum Abschluß das Liedchen »Schwarzbraun ist die Haselnuß« durch die Hütte. Ich lag hellwach im Bett, und Ari saß kerzengerade am Fußende des Bettes. Gleich darauf flog die Türe auf, und Jakob polterte herein. Oh, welch ein Anblick, der *Weingeist* hatte ihn voll im Griff. Halb zog er ihn, halb sank er hin, und vor dem Bett, da lag er schon auf seinen Knien. Jakob brummte noch etwas vor sich hin, zog sich mit letzter Kraft auf die Matratze und fiel sofort in einen tiefen Schlaf, wie es ihm der *kleine Kobold* aus der Flasche versprochen hatte. Nun erst kehrte wieder Ruhe in die Hütte ein, und langsam übermannte auch mich der ersehnte Schlaf. Aber es dauerte nicht sehr lange, um vier Uhr wachte ich durch Gebrumme und Getöse wieder auf.

»Aha, jetzt kommt wohl der zweite Teil der *Trögerner Nächte*«, stellte ich fest.

Und so war es auch. Bei Jakob meldete sich das kleine gelbe Wassermännchen; er mußte hinaus. Nun hatte aber der *kleine Kobold* aus der Flasche Jakob so verwirrt, daß dieser nicht zur Tür hinaus, sondern unbedingt durch das Fenster wollte. Auf dem Fensterbrett standen allerhand Sachen, und die flogen jetzt alle durch das Zimmer. Als ich dann sämtliche Taschenlampen an den Kopf geworfen bekam, blieb mir nichts anderes mehr übrig, als helfend einzuspringen. Ich griff unter mein Kopfpolster, holte meine Taschenlampe hervor, knipste das Licht an und brachte Jakob zur Tür hinaus, vor die Hütte, wo alsbald ein mächtiges Rauschen seine Erlösung anzeigte. Damit war der *Trögerner Fenstersturz* erfolgreich verhindert, die *kleinen Kobolde* alle hinausgespült, und wir konnten endlich alle in Frieden schlafen.

Als Jakob um halb acht nicht zum Frühstück erschien, schaute ich kurz nach ihm. Was ich zu sehen bekam, veranlaßte mich, als profunden Kenner der Sachlage und mit der *Wildsau* bestens vertraut, zu folgendem jagdärztlichen Bulletin: »Er fiel den Tücken des Rotweins zum Opfer; voraussichtliches Verweilen im Wundbett bis zwölf Uhr mittag; den Nachmittag wird er leicht gelähmt in frischer Luft vor der Hütte verbringen; am Abend, nach einem kühlen Glas Bier, kann er dann zu Hause seiner Frau wieder aufrecht gegenübertreten. Nur Mut Jakob, ganz Trögern steht hinter dir!«

Seelenträumerei

Spätherbst im Bergrevier: Ich saß mit Ari in der steilen Lehne eines Berghanges, und meine Gedanken gingen auf eine eigenartige Reise. Über den Höhen strömte ein unfaßbares Licht. Tief unten in den Gräben und Tälern lag schon der Schatten der Dunkelheit. Was eigentlich ein Bergbauer für ein mühsames Leben führt! ging es mir durch den Kopf.

Mittlerweile war es dunkel geworden und still. Nur der Wind raunte und wisperte in den Wipfeln der alten Bäume. Doch halt, was war das? Wer rief da nach mir? Jetzt hörte es sich an wie ein Jammern, ein heiseres, heimliches Rufen. Ach, das war bestimmt nur das Murmeln des Baches in meiner Nähe, das der Wind an mein Ohr trug. Doch in meiner Phantasie klang es, als würde das Bächlein rufen:

»Komm her, du Kerl im grünen Rock, ich weiß gar vieles zu erzählen, von heimlichen Böcken und uralten Hirschen!«

Wie gebannt blieb ich mit meinem Hund sitzen und lauschte dem Wasser, das raunend Schönes erzählte, hörte dem Rauschen des Windes zu in den dunklen Wipfeln der Baumkronen. Ich weilte und lauschte, was mir Wind und Bach zuflüsterten:

»Du wirst schon lange tot sein, wird der Wind noch immer rauschen, werden weiter starke Hirsche und Böcke ziehen auf uralten Wechseln. Und Wind und Bächlein werden wieder eine arme Menschenseele verzaubern und ihr zurufen, so wie dir heute: He, du Kerl im grünen Rock, komm nur her . . .!«

Der Schrei einer Eule schreckte mich aus meinen Gedanken. Ich hatte mich für ein Weilchen im Meer der Zeit verloren. Es war wohl ein ganz wunderbarer Augenblick gewesen. Mein Hund Ari, dieses feinfühlige Wesen, schien zu spüren, daß irgend etwas in mir vorging und für kurze Zeit von mir Besitz ergriffen hatte. Er hockte neben mir. Behutsam legte er seinen schönen edlen Kopf auf mein Knie, und mir schien, als lauschte auch er dem Raunen des Windes und dem Murmeln des Bächleins, das nur wenige Meter neben mir hurtig ins Tal hinunter eilte, unermüdlich, Tag und Nacht, Jahr für Jahr. Mein Gesicht fühlte sich heiß an, und in meiner Brust tobte ein Sturm von Gefühlen. Hurtig packte ich meinen Rucksack und schlenderte mit Ari durch die sternklare Nacht der Jagdhütte zu. Der kühle Bergwind versuchte meine Gedanken, die bei ihrem Ausflug in die Zukunft Jahrmillionen überflogen, zu verscheuchen, aber es schien ihm nicht so richtig zu gelingen. Mir war, als sei ich in diesem Augenblick gar nicht ich selbst. Ich hatte begriffen: Dieses Revier gehörte nicht mir, sondern ich gehörte dem Revier. Ich war ihm verfallen, verfallen seinem unbeschreiblichen Zauber. Schon roch ich den würzigen Rauch, der aus dem Kamin der Hütte in die klare Nacht aufstieg, und unwillkürlich beschleunigte ich meine Schritte. Mit jedem Meter spürte ich den Atem dieses Reviers, und in meinen Ohren klang noch das Raunen des Wassers, das Wispern des Windes. Es klang, als riefe mir ein Waldkobold nach, leise, verheißungsvoll, frohlockend:

»Lauf doch nicht weg, komme wieder, wirst immer wieder kommen, zu tief ist deine Seele verbunden mit Wild und Wald, Wind und Bach, du gehörst mir, schon lange, bist mir verfallen, du Kerl im grünen Rock . . .«

Der Kirchengeißbock

Im Oktober fuhr ich mit meinem Hund Ari auf die Alm. Als ich bei der Hütte anhielt, war Jakob schon hier.

»Wann bist du denn schon heraufgefahren?« fragte ich.

»Ich bin schon seit zwei Tagen auf der Hütte«, sagte er. »Weißt du, ich habe ein paar Tage Urlaub, und bei dem schönen Wetter hab ich mir gedacht, nichts wie rauf zur Hütte!«

»Ja, es ist wunderschön«, pflichtete ich Jakob bei. »Wie schaut es denn aus? Hast was geschossen?«

»Ich hab gestern abend, es war schon ziemlich dunkel, eine schwache Rehgeiß beschossen, auf der Wiese unter der Kirche. Aber ich bin eigens nicht nachsehen gegangen, weil ich wußte, daß du heute vormittag kommen würdest. Es ist wieder eine schöne Arbeit für Ari!«

»Mensch, Jakob«, freute ich mich, »das ist ja wunderbar. Du schaust auf uns, damit uns die Zeit nicht lang wird. Ich bringe nur schnell meine Jause in die Hütte, dann beginnen wir mit der Nachsuche. Das wird ja sehr interessant, weil die Fährte immerhin über Nacht gestanden ist.«

Ich nahm den langen Schweißriemen, packte ihn in den Rucksack, und schon brachen wir auf. Kurze Zeit später standen wir am Anschuß, den Jakob sauber verbrochen hatte. Der Hund wurde abgesetzt, und ich untersuchte den Anschuß. Ja, da war Schweiß und da wieder. Ich ging zu Ari zurück, holte den Schweißriemen hervor und streifte ihn Ari über. Dann trottete ich mit ihm zum Anschuß, ließ ihn richtig ansaugen und folgte

211

dem losziehenden Hund. Ich zeigte ihm einen Schweißtropfen, er bohrte seine Nase förmlich in den Boden, schlug einen Halbkreis und zog auf die Dickung zu. Ari war schon richtig drauf und kam flott weiter. Und wie es bei Jakob oft der Fall war, hinunter in den Graben, fast senkrecht ins größte Dickicht und Gedachs.

»Langsam, Ari«, rief ich, »langsam!«

Meinen Hut hatte ich schon verloren, zu guter Letzt rutschte ich auch noch aus und hockte auf dem Boden.

Ich muß den Hund schnallen! ging es mir durch den Kopf, durch dieses Dickicht kommen wir mit der Riemenarbeit nicht mehr weiter.

Aber es war nicht mehr nötig. Ich hörte Ari schon vor mir knurren und Laut geben. Ganz deutlich vernahm ich, wie er etwas schüttelte. Mühsam bahnte ich mir auf allen vieren einen Weg durch die bis auf den Boden reichenden dürren Äste der Bäume. Ich mußte noch über einen umgefallenen Baum steigen und erreichte dann das Stück. Mein Erstaunen war groß: Eigentlich hatte ich erwartet, eine Rehgeiß vorzufinden, statt dessen verbellte Ari einen richtig guten 3er Bock!

»Jakob, auf was hast du denn geschossen gestern?« rief ich verschmitzt in Jakobs Richtung.

»Auf eine Geiß«, gab er außer Atem zur Antwort und wurstelte sich durchs Dickicht zu mir her.

Als er das Stück dann bestaunte, wurden seine Augen immer größer.

»Hast du gestern wohl nicht mehr so richtig gesehen?« spottete ich lachend und reichte ihm die Hand zum *Weidmannsheil*. »Stell dir vor, Jakob, da hat sich das Luder über Nacht glatt in einen Bock verwandelt! Und das alles zwei Tage vor Ende der Schußzeit!«

Die Herbstabende auf einer Jagdhütte sind meist sehr lang, weil es ja schon früh finster wurde. Und da man nicht schon um sieben Uhr zu Bett gehen konnte, saß man eben bei einem guten Glas Wein am Tisch. Wenn man allein war, las man vielleicht etwas, in Begleitung wurde diskutiert: über alles! Da wurde große Politik gemacht, Kulturelles kam genauso zur Sprache wie Privates, und natürlich — wie konnte es anders sein — wurde viel über die Jagd geplaudert. Ein wichtiges Thema waren dabei die Jagdpatronen, das Gewicht derselben, die Laborierung, Auftreffwucht, die beste Schußentfernung und natürlich der berühmte *Ausschuß*. Als Ausschuß bezeichnete man die Stelle, an der das Geschoß den Wildkörper wieder verließ. Dieser war besonders für die Nachsuche sehr wichtig. War Ausschuß vorhanden, dann zeigte sich meistens auch etwas Schweiß, und der Hund, der nachsuchen mußte, hatte es dann schon viel leichter.

Mein Freund Norbert entwickelte sich als wahrer Kämpfer für den Ausschuß. Er behauptet steif und fest, daß jeder Schuß auf Rotwild, vorausgesetzt man schoß richtig, einen Ausschuß aufwies. Jakob und ich waren gegenteiliger Meinung, nämlich, daß ungefähr 90% des von uns beschossenen Rotwildes keinen Ausschuß habe. Wir mußten es ja schließlich wissen, denn wir hatten schon genug Stücke erlegt, bei denen kein Ausschuß vorhanden war. Norberg dagegen hatte bis zu diesem Zeitpunkt noch kein einziges Stück Rotwild erlegt. Aber Sprüche klopfen bezüglich des Ausschusses, das konnte er vorzüglich. Das hörte sich dann etwa so an: »Na, na, erzählt mir nichts, bei den Patronen gibt es immer Ausschuß, wenn man richtig schießt, Burschen. Nur keine Ausreden!«

Ja, und über diesen Ausschuß haben wir so manche hitzige Diskussion geführt und dabei manch kühle Flasche geleert. Zu einem echten Ergebnis sind wir allerdings nie gekommen. Bis uns eines Tages das Schicksal — wenn man so sagen will — die Lösung dieser verzwickten Angelegenheit aus der Hand nahm.

Es war Mitte November, noch lag kein Schnee auf der Alm, und Jakob und ich hatten noch etliches Rotwild zu schießen.

Wir saßen hoch oben an der Reviergrenze. Zuvor hatten wir am Nachmittag auf einer kleinen Wiese in der Nähe der Jagdhütte Apfeltrester ausgeschüttet. Darum wollten wir am gleichen Tag dort nicht ansitzen, weil wir annahmen, daß wir beim Ausschütten der Trester auf der Wiese soviel menschliche Witterung hinterlassen hatten, daß am Abend ganz bestimmt kein Wild austreten würde. Doch, wie heißt es so schön: Der Mensch denkt und Gott lenkt!

Es war schon ziemlich dunkel, als ich von meinem Ansitzplatz aufbrach und durch den dunklen Wald hinaus auf die Forststraße trat. Dort war es noch heller. Jakob wartete schon bei meinem Auto, und gerade als wir einsteigen wollten, fiel ein Schuß. Tief unter uns. Wir glotzten einander verblüfft an. Außer uns war doch niemand hier!

»Vielleicht ist Norbert gekommen«, meinte Jakob.

»Ja, da wäre möglich«, stimmte ich zu. »Hast du den Klang des Schusses gehört?«

»Ja«, sagte Jakob, »ich habe dieses *pinggg* genau vernommen.«

»Entweder hat der Schütze einen Stein getroffen, oder
es war ein Knochenschuß. Dem Schall nach ist auf der
Wiese geschossen worden, auf die wir am Nachmittag
die Trester hingebracht haben!«

»Ja«, bestätigte ich, »du könntest recht haben, Jakob.«

»Für einen guten Schuß war es aber schon sehr dunkel«, wunderte sich Jakob.

»Ja, das stimmt. Komm, vergewissern wir uns, was los
ist!«

Als wir zur Jagdhütte kamen, fiel uns sofort Norberts
Auto auf.

»Aha, also doch Norbert!«

Er kam uns auch schon entgegen.

»Ich habe ein Tier auf der Wiese beschossen«, begrüßte
uns Norbert gleich.

Jakob und ich blickten uns fragend an.

»Ach, genau auf der Wiese hast du geschossen?« fragte
Jakob schnippisch. Ich wußte sofort, was er damit meinte. Unser Norbert hatte noch nie auch nur einen einzigen Sack Trester auf die Wiese getragen. Ich grinste in-
nerlich. Wenn ich gehässig wäre, aber das war ich ja
nicht, hätte ich jetzt sagen können: »Wer nicht sät und
trotzdem erntet!« Dagegen rief ich freudig: »Das wäre ja
dein erstes Stück Rotwild, Norbert! Dem Klang des
Schusses nach hast du einen Knochen getroffen. Das
konnte man ganz deutlich hören!«

»Ja, es war schon ziemlich dunkel«, stellte Norbert
entschuldigend fest. »Ich habe nicht mehr so genau gesehen, ob ich gut oder weniger gut abgekommen bin.«

»Macht nichts«, spielte ich herunter, »wir haben ja

hinauf!« zeigte ich mit einer Armbewegung in die Richtung, in die der Hirsch verschwunden war. Ich wollte gerade weitersprechen, da raschelte es vor uns, und ein Rehbock stand plötzlich wie hingezaubert da, höchstens 25 Meter von uns weg. Mit freiem Auge stellten wir fest, daß es sich um einen Abschußbock handelte, einen Sechser mit ganz kurzen Enden, dünnen, nicht einmal lauscherhohen Stangen, ein wahrer 2b-Bock. Der Bock hatte uns zwar noch nicht in den Wind bekommen, aber so ganz geheuer waren wir ihm wohl dennoch nicht. Er begann, bedächtig wegzuziehen.

»Schieß, Hermann«, flüsterte ich.

Hermann hob sein Gewehr und rief einmal ganz kurz: »Kuckuck«. Ruckartig blieb der Bock stehen. Im gleichen Moment feuerte Hermann seinen Schuß ab und der Bock brach nieder.

»Weidmannsheil!« rief ich voller Freude. »Mensch, jetzt müßte nur noch der Hirsch liegen, dann hätten wir gleich zwei Stück im selben Schlag erlegt!«

An einem schönen Oktobernachmittag holte Jakob gerade wieder einmal ein Krügerl Most aus unserem Keller. Ja, das war kein Spaß, wir verfügten unter unserer *Kascha* über einen wunderbaren, wohltemperierten Keller, in dem stets Bier, Wein und ein großes Faß voll mit gutem Most lagerten.

»Einen Schluck noch«, beschloß Jakob, »dann gehen wir los!« Er wollte hinunter auf die Wiese, gleich in der Nähe der Jagdhütte. Ich dagegen plante zum Toste hinaufzugehen, in die Nähe der Reviergrenze. Die Plätze waren zwar verschieden, der Zweck aber der gleiche: Wir wollten versuchen, ein Stück Rotwild zu erlegen. Aber an diesem Tag schienen wir wohl beide nicht sehr gut beieinander gewesen zu sein. Ich schlief glatt unter dem Baum, an den ich mich hingelehnt hatte, ein, und wurde erst durch die Kälte der hereinbrechenden Dunkelheit wieder munter. Also packte ich meine Klamotten wieder zusammen und fuhr zur Jagdhütte zurück. Dort wartete Jakob schon ganz aufgeregt mit einem Krügerl Most in der Hand auf mich: »Stell dir vor, was mir passiert ist!«

»Erzähl doch, Jakob!«

»Ich war keine halbe Stunde auf dem Hochsitz, als plötzlich, du wirst es nicht glauben, von rechts unten aus den Erlen ein riesiger Keiler auftaucht und mitten auf die Wiese herauskommt. Am hellichten Tag!«

»Na und«, fragte ich interessiert, »warum hast du ihn denn nicht geschossen?«

Da wurde Jakobs Stimme ein klein wenig weinerlich,

und er stotterte: »Ich wollte ja, aber mir ist der Schuß gebrochen, bevor ich noch das Gewehr an der Schulter hatte. Und der Keiler ist natürlich wie der Blitz wieder in den Erlen verschwunden!«

Damit ergab sich natürlich neuer Gesprächsstoff. Schwarzwild im Revier, das war ja toll! Und je öfter Jakob ein Krügerl Most holte, um so größer wurde der Keiler. Als dieser schließlich drohte, die Größe eines kleinen Elefanten anzunehmen, hoben wir die Tafel auf und schlichen zu Bett.

Am nächsten Tag suchten wir das ganze Revier ab und fanden tatsächlich überall Hinweise auf *Schwarzkittel* im Revier.

Böse Zungen behaupteten später allerdings, Jakobs Schuß sei nur deshalb gebrochen, weil er nur mit einem Auge den Keiler verfolgt, während das zweite Auge zu Hause im Mostkeller aufgepaßt hatte, damit nur ja niemand zuviel aus dem Faß nahm . . .

Zu guter Letzt

Es war Dezember. Ich saß allein in der Jagdhütte, dachte über das nun bald ausklingende Jahr nach und frönte einer mir liebgewonnenen Angelegenheit, nämlich stille Einkehr zu halten und dem Herrgott für die vielen schönen Stunden zu danken, die ich hier in der Natur verbringen durfte. Ich wollte aber auch Bilanz ziehen über meine jagdliche Tätigkeit: Habe ich immer rechtschaffen gehandelt? Konnte ich jeden Schuß aus meiner Büchse verantworten? Das ist oft gar nicht so einfach, denn wenn der Jäger mit der Jagdbüchse durch das Revier streift, ist er Herr über Leben und Tod. Er ganz allein entscheidet, ob ein Reh, ein Hirsch, eine Gams weiterleben darf oder sterben muß. All das muß man mit seinem Gewissen ausmachen.

Von der Seite der Tierschützer her wird oft behauptet, daß Jäger nur aus Lust am Töten jagen. Das ist aber purer Unsinn. Für mich stellt die Jagd angewandten Natur-, Umwelt- und Tierschutz dar. Ich nehme als Jäger nur die Aufgabe wahr, die vor vielen, vielen Jahren Bär, Wolf und Luchs ausführten. Nachdem dieses Großraubwild bei uns kaum mehr vorkommt, ist der Jäger heute derjenige, der regulierend in zu große Wildbestände einzugreifen hat. Natürlich will ich nicht bestreiten, daß es da und dort zu Fehlern und Übergriffen kommt, namentlich bei der Fallenjagd. Aber wo gehobelt wird, fallen auch Späne, und aus Fehlern lernt man schließlich — sollte man zumindest meinen. Ein Tier ist, bleibt und muß immer Tier bleiben!

In unserer heutigen Zeit scheinen die Grenzen zwischen Tier und Mensch des öfteren zu verfließen. Wenn man erkennt, daß der Jäger derjenige ist, der Wild und Wald behütet, und der versucht, auch für kommende Generationen ein Biotop zu erhalten, in dem Wild, Wald und Mensch miteinander leben können, dann würde dem Jäger in unserer Gesellschaft vielleicht wieder der Stellenwert eingeräumt, den er verdient. Hoffentlich wird es dann nicht schon zu spät sein! Der Lebensraum unseres Wildes wird täglich um Tausende Quadratmeter kleiner.

In der Hütte war es wohlig warm. Ari schlief auf seiner Decke. Auch er schien zu spüren, daß das anstrengende Jagdjahr zu Ende ging. Schon seit dem Vormittag wehte ein scharfer Wind, der immer wieder dunkle Wolken herbeizerrte. Ich blickte aus dem Fenster. Die Lärchen hatten ihre Nadeln, die Buchen ihre Blätter noch nicht ganz abgeworfen. Die ersten Schneeflocken fielen in den sinkenden Tag. Mitten hinein in das letzte Herbstgold der Lärchen und Buchen begann der Winter Einzug zu halten. Auf leisen Sohlen schritt er über die Höhen herein in unseren Talkessel. Die Kälte suchte sich den Weg hinunter in die Täler. Es war ruhig geworden im Revier. Die Helle des Tages überstieg nur noch mühsam die Kuppen der Berge, und immer tiefer breitete sich Stille aus. Bald war Heiliger Abend. Ich dachte an das Mär-

chen, nach dem sich am 24. Dezember um Mitternacht das Wasser des Brunnens in Wein verwandelt und die Tiere miteinander zu reden beginnen.

Ich fühlte die eigenartige, heimliche, verzauberte Zeit, die jetzt in das Revier einzog. Längst wußte ich, daß nicht der Geweihe Wucht und Stärke dem Jäger zur Ehre gereichen, sondern die Liebe, mit der er das ihm anvertraute Revier hegt und pflegt. Die Sonne hatte in diesem Monat den tiefsten Punkt ihrer Umlaufbahn bereits überwunden. In allen Bäumen, Sträuchern und Pflanzen ruhte schon neues Leben für ein neues Jahr. Es wartete nur darauf, von der kommenden Frühlingssonne wachgeküßt zu werden.

Ja, hier in der Stille des Bergreviers konnte man noch zu sich selbst finden. Man konnte sogar noch ein Gewissen entdecken, welches draußen, in den brodelnden, von Hetze gezeichneten Städten, im Strom unserer Profitgier, schon längst hinweggespült war. Ich will alles, was in meiner Macht steht, dazu beitragen, um die Stille dieses Bergreviers zu erhalten: die Stille dieses Paradieses, damit ich fliehen kann aus der Schwere des Alltags in meinen Traum, der für mich immer wieder zur Wirklichkeit wird . . .

Hans Schelle
Der Bayerische Hiasl
Lebensbild eines Volkshelden.
224 Seiten, 10 Abbildungen, gebunden